Les Ondes de choc

Frédéric Charbonneau

Les Ondes de choc

Paysage intérieur de Saint-Simon

PARIS
CLASSIQUES GARNIER
2019

Frédéric Charbonneau, professeur à l'université McGill, consacre ses travaux à l'histoire littéraire des XVIIe et XVIIIe siècles dans trois domaines principaux : les Mémoires, l'histoire des idées sur la gastronomie et les rapports entre littérature et médecine. Il est l'auteur ou l'éditeur d'une dizaine d'ouvrages, notamment *L'École de la gourmandise* (Paris, 2008) et *Les Silences de l'histoire* (Québec, 2001, Paris, 2016).

ISBN 978-2-406-07819-7 (livre broché)
ISBN 978-2-406-07820-3 (livre relié)
ISSN 2108-9884

Pour Marie-Pierre.

SEUL EN LICE

Né d'un septuagénaire et d'une recluse, Louis de Rouvroy allait devoir entrer « seul dans le monde » (*Mémoires*, I, 19[1]) ; l'on avait eu tôt fait de l'en persuader. Il évoque à l'orée des *Mémoires* cet unique trait de son enfance, qui est l'esprit même de son éducation. La duchesse sa mère, écrit-il, lui « répétait sans cesse la nécessité pressante où se trouverait de valoir quelque chose un jeune homme [...], fils d'un favori de Louis XIII, dont tous les amis étaient morts ou hors d'état de l'aider, et d'une mère qui, dès sa jeunesse élevée chez la vieille duchesse d'Angoulême sa parente [...], et mariée à un vieillard, n'avait jamais vu que leurs vieux amis et amies et n'avait jamais pu s'en faire de son âge. Elle ajoutait le défaut de tous proches, oncles, tantes, cousins germains, qui me laissait comme dans l'abandon à moi-même » (I, 19-20). Dans cette atmosphère raréfiée, que le mémorialiste apparente au *vide*, au sommet de cet arbre généalogique que l'on dirait épuisé déjà – sinistre présage –, l'enfant ne peut s'appuyer sur rien et doit tenir par lui-même, en vertu de caractères intrinsèques : fermeté de la fibre, vigueur de la pousse, verdeur de la sève. Le petit vidame de Chartres, que la mort de son père en 1693 fera tout d'un coup à dix-huit ans duc et pair et orphelin, cherchera parfois le soutien d'un ami ou d'un protecteur qui palliât les faiblesses de cette famille spectrale, mais, le plus souvent, la rengaine maternelle revenant le hanter, il puisera dans sa valeur propre la force d'aller son chemin afin « d'être de quelque chose » (I, 20), et trouvera dans un passé pléthorique de quoi réparer la carence du contemporain. En soi et derrière soi sont les sources de la grandeur. Le « goût [...] qui est

1 Les références aux *Mémoires* de Saint-Simon viennent de l'édition d'Yves Coirault (Gallimard, Pléiade, 1983-1988, 8 vol.). On les indiquera dans le corps du texte entre parenthèses, avec le chiffre romain du volume et le chiffre arabe de la page. Font exception les citations les plus longues qui, pour des raisons légales, sont reprises de l'édition Boislisle (Paris, Hachette, Les Grands Écrivains de la France, 1879-1931, 43 vol.). Les références seront données en note infrapaginale, suivant la formule : GEF, volume, page ; suivie de la concordance dans Bibliothèque de la Pléiade.

comme né avec moi pour la lecture et pour l'histoire, et conséquemment de faire et de devenir quelque chose par l'émulation et les exemples » (I, 20), esquisse une génétique selon l'esprit par laquelle le récit supplée au déficit de parentèle et fait miroiter une promesse d'être : lui aussi écrira, une résolution prise dès l'année suivante, en 1694.

À cette scène originaire des *Mémoires* succède comme un corollaire l'entrée dans le service du Roi. Saint-Simon à seize ans s'ennuyait en philosophie – lui qui ne fut « jamais un sujet académique » (VIII, 666) – et voulait faire sa première campagne. « Je pris donc ma résolution de me tirer de l'enfance, et je supprime les ruses dont je me servis pour y réussir. Je m'adressai à ma mère : je reconnus bientôt qu'elle m'amusait ; j'eus recours à mon père à qui je fis accroire que le Roi, ayant fait un grand siège cette année, se reposerait la prochaine. Je trompai ma mère, qui ne découvrit ce que j'avais tramé que sur le point de l'exécution et que j'avais monté mon père à ne se laisser point entamer » (I, 21). Cet épisode machiavélien dans lequel l'écolier divise et trompe nous montre Saint-Simon sous le jour exceptionnel d'un rite de passage : entraîné à ne compter que sur lui-même, l'adolescent prêt à quitter le nid s'aperçoit soudain qu'il lui reste assez de famille pour faire obstacle à ses projets. En cet instant crucial où son courage cherche une première épreuve et où le désir de se signaler, qu'on avait si fort irrité chez lui, cherche un premier assouvissement, le jeune homme voit autour de lui le vide prétendu se transformer en plein et l'abandon apparent révéler un entourage réfractaire. Qu'à cela ne tienne : en un retournement spectaculaire, il prouve à ses parents que son éducation a porté fruit et sort de page malgré eux. Ce conflit inaugural – non seulement avec eux mais entre eux, puisque le duc est « monté » face à la duchesse qui veut l'« entamer » – sera ravivé quelques mois plus tard par l'annonce de sa participation au siège de Namur : « Ma joie en fut extrême ; mais mon père, qui n'y avait pas compté, se repentit bien de m'avoir cru et me le fit sentir. Ma mère [montra] un peu de dépit et de bouderie de m'être ainsi enrôlé par mon père malgré elle » (I, 22).

Peu de chose, en somme, et rien qui dût arrêter, du moins si Saint-Simon n'avait pas en quelque sorte fait de son œuvre une déclinaison de ces premières pages et ne s'était si souvent peint dans les *Mémoires* en champion isolé. On retrouve cette configuration transposée dans le registre politique en un autre rare souvenir de jeunesse, raconté peu après et qui clôt l'éloge funèbre de son père : « Jamais il ne se consola de la mort de Louis XIII, [...] jamais il ne manqua d'aller à Saint-Denis à son service, tous les ans le 14 de mai [...]. C'était la vénération, la reconnaissance, la tendresse même qui s'exprimait par sa bouche toutes les fois qu'il parlait de lui ; [...] et avant que de me présenter au Roi il me mena un 14 de mai à Saint-Denis. Je ne puis finir de parler de lui par des traits plus touchants ni plus illustres. Il était indigné d'être tout seul à Saint-Denis » (I, 87). La solitude dans la vertu, étroitement jointe à l'indignation, qui est la colère provoquée par le spectacle de l'indignité, le choc des mœurs bonnes et mauvaises, forment le trait ultime par lequel le mémorialiste conclut la vie de son père en *homme illustre*, exemplaire, à l'ancienne manière de Plutarque ; c'est aussi un legs pieusement recueilli : « Le Roi [...] fixa son départ [celui du duc de Bourgogne pour le front] au 14 mai. Il semblerait néanmoins qu'à qui observerait les jours, celui de l'assassinat d'Henri IV et de la mort de Louis XIII devrait être réputé un jour malheureux pour la France, pour ses rois, et pour ceux qui en sont si récemment sortis ; mais le Roi [...] n'a jamais compté que lui pour roi de France [...]. Je n'en fus pas témoin ; j'étais à Saint-Denis, à l'anniversaire de celui dont, par mon père, je tiens toute ma fortune : c'est, à son exemple, un devoir qui l'emporte sur tout autre, et auquel je n'ai jamais manqué. Il est vrai que je m'y suis toute ma vie trouvé tout seul, et que je n'ai jamais pu m'habituer à un oubli si scandaleux » (III, 169-170). Dyptique du vice et de la vertu, de l'ingratitude et de la piété filiales, de l'oubli et de la mémoire. Petit-fils de Louis XIII selon l'esprit, Saint-Simon conserve comme un héritage cette dignité du cœur à laquelle s'adosse la duché-pairie, transmise à sa postérité le temps venu en une cérémonie devenue rituelle : « Dès l'hiver dernier [1717] on me pressa de présenter mes enfants au Roi et au Régent, et il est vrai qu'ils étaient en un âge où cela ne pouvait plus se différer. Néanmoins j'y résistai, parce que je voulus leur apprendre ce qu'ils devaient à la mémoire de Louis XIII, qui nous doit être si précieuse et si sacrée, et que les prémices de leurs hommages lui fussent rendus. Je les menai donc à son anniversaire à Saint-Denis, où je ne manquai jamais à l'exemple de mon père, et, ce devoir si principal pour nous rempli, je les présentai » (VI, 435). La solitude pour Saint-Simon finit par être moins nécessité que vertu, la source même de la valeur à laquelle il se trempe et qui permet la résistance ou la lutte. Il porte à Saint-Denis ses peines et ses combats. En mai 1711, alors qu'il ferraille pour obtenir du Roi, *via* le chancelier de Pontchartrain, un édit sur les duchés-pairies qui mît fin à d'incessants abus, il écrit au Chancelier : « Jamais, Monsieur, l'anniversaire du feu Roi ne me vint si mal à propos, encore qu'il m'ait fait forcer une fois la fièvre actuelle, une autre le commencement d'une rougeole, et une troisième un bras tout ouvert. À cette fois, il faut encore que le Bienfaiteur l'emporte sur le bienfait, et je porterai à Saint-Denis un cœur incisé et palpitant » (IV, 182). L'image anatomique finale, répondant à celle qui précède d'une chirurgie consécutive à un abcès (II, 436), évoque aussi l'oblation du duc qui porte son cœur à Saint-Denis comme le saint lui-même y avait porté, dit-on, sa tête tranchée par les persécuteurs ; Saint-Simon ne cherche pas à échapper aux périls par ce pèlerinage, mais abandonnant son bien pour celui dont il le tient, il confirme la justice de sa cause. Louis XIII, roi-thaumaturge, guérira ses blessures.

Les mânes tutélaires du Juste offrent à Saint-Simon un paradigme de présence paradoxale, dérobée par la mort et comme en creux, signe d'une plénitude disparue. L'abbé de Rancé est un second exemple de ce type : l'abbaye de la Trappe est sise à seulement cinq lieues de la Ferté-Vidame, terre bâtie des Saint-Simon. « [Mon père] avait fort connu Monsieur de la Trappe dans le monde ; il y était son ami particulier, et cette liaison se resserra de plus en plus depuis sa retraite si voisine de chez mon père, qui l'y allait voir plusieurs jours tous les ans. Il m'y avait mené. Quoique enfant, pour ainsi dire, encore, Monsieur de la Trappe eut pour moi des charmes qui m'attachèrent à lui, et la sainteté du lieu m'enchanta. Je désirai toujours d'y retourner, et je me satisfis toutes les années et souvent plusieurs fois, et souvent des huitaines de suite » (I, 122). Le parallélisme avec Louis XIII est frappant : même présentation par le père à un grand personnage de sa génération qui devient un substitut pour l'amour filial – « [Monsieur de la Trappe] m'aima comme son propre enfant, et je le respectai avec la même tendresse que si je l'eusse été » (I, 122) –, même adoption, mêmes pèlerinages ; et si du vivant de Rancé les visites au saint homme furent plus fréquentes que celles rendues au feu roi, elles semblent s'être régularisées par la suite, le duc passant le plus souvent la Semaine sainte à l'abbaye. Or de telles *présences absences* – Rancé était depuis longtemps enterré tout vif à la Trappe – n'offrent précisément d'appui que hors du monde, qu'on doit laisser derrière soi pour en jouir ; il faut aller quérir ces esprits-là dans les déserts et les tombeaux, et ils ne sont, dans le tourbillon des affaires, d'aucun secours. Le soutien – le réconfort, le conseil – qu'ils procurent y est en quelque sorte frappé d'inutilité. Ils aident certes à mieux voir le « néant du monde » et le « rien de tout » (I, 15), mais de quel usage est-ce pour cette vie, sauf à s'en retirer ? Aussi, note le mémorialiste, « [j]e me cachais fort, à mon âge, de mes voyages de la Trappe » (I, 333), qui devaient du reste être rendus publics en manière de « ridicule » (II, 964) par Mme de Lussan lors du procès qui l'opposa au duc en 1707. La clôture qui sépare l'abbaye et le siècle est rigoureuse et la règle s'exerce dans les deux sens. Ainsi, Saint-Simon cache à Rancé l'artiste éminent – Hyacinthe Rigaud – qu'il a fait pénétrer dans son cabinet sous des espèces trompeuses, afin qu'il en fît ensuite de mémoire le portrait. « Son humilité sincère ne permettait pas qu'on pût lui demander la complaisance de se laisser peindre » (I, 333). Ce portrait, qui devait « conserver sa ressemblance après lui » (I, 333), demeura la propriété du mémorialiste, qui le légua par testament à l'abbaye de la Trappe. En 1755, le duc et le tableau étaient à leur tour en partance pour le séjour des morts.

Les voyages de la Trappe ne sont pas pour Saint-Simon que dévotes excursions. Il y cherche également la consolation de ses défaites, lors du procès par exemple qui l'oppose, avec ses compairs, au duc de Luxembourg, et dont l'issue l'avait « combl[é] de déplaisir » qu'il alla « chercher à émousser à la Trappe » (I, 293). De même, lors de l'échec de son projet de mariage avec la fille du duc de Beauvillier, il alla « chercher à [s]e consoler à la Trappe » (I, 121), non du refus de la fille aspirante religieuse, qu'il ne connaissait pas, mais de la perte d'un beau-père, objet réel de sa quête. Il faut souligner cette circonstance, introduite par la litanie que l'on sait : « Fils d'un favori de Louis XIII et d'une mère qui n'avait vécu que pour lui, qu'il avait épousée n'étant plus jeune elle-même, sans oncles ni tantes ni cousins germains ni parents proches, ni amis utiles de mon père et de ma mère si hors de tout par leur âge, je me trouvais extrêmement seul » (I, 114-115). Or, bien que l'alliance échouât, la quête réussit, puisque Beauvillier, touché de son procédé, pria Saint-Simon « de le regarder désormais comme [son] père » (I, 117). Cela ne suffit pourtant pas à assouvir le jeune homme, qui s'entoure sans relâche de protecteurs : après Beauvillier, c'est Lorges ; après Lorges, Pontchartrain ;

vraie procession de pères ; mais peut-on jamais peupler une telle solitude ? En épousant Mlle de Lorges, Saint-Simon avait en vue « toute cette grande et nombreuse famille, et plus que tout encore, la bonté et la vérité du maréchal de Lorges, si rares à trouver, et si effectives en lui, [qui] m'avaient donné un désir extrême de ce mariage, où je croyais avoir trouvé tout ce qui me manquait pour me soutenir et cheminer » (I, 222). Dans ce récit à l'imparfait, le verbe croire a l'amertume des illusions perdues. C'était en 1695 et Saint-Simon avait vingt ans. Le maréchal de Lorges mourut quelques années plus tard des suites d'une opération de la taille mal conduite. « [L]e spectacle de cette maison fut terrible. Jamais homme si tendrement ni si universellement regretté, ni si véritablement regrettable. [...] Il m'aimait comme son véritable fils, et je l'aimais et le respectais comme le meilleur père » (II, 258). Pis encore, l'harmonie de sa maison ne lui survécut pas, la maréchale ayant mésallié son fils, dont le « mariage alla tout de travers » (II, 288), avant de prendre « le parti d'une grande retraite : c'était bien fait pour l'autre monde, et ne fut guère moins bien pour celui-ci » (II, 289). Beauvillier offrait-il une présence moins défaillante ? Quoique ministre d'État, son « penchant entier pour la retraite » (IV, 212) – auquel il se livrait chaque fin de semaine dans son château de Vaucresson –, l'âme tournée vers Fénelon comme un héliotrope vers son astre, le rendaient une sorte d'ermite dans la place éminente où il se trouvait, ce qui suggère à Saint-Simon cet étonnant oxymore, qu'une « clôture de monastère [le] suivait au milieu de la cour » (IV, 213). De cet homme, que la « charité mal entendue » (III, 386), les scrupules excessifs maintenaient dans l'ignorance des intrigues, Saint-Simon écrit à deux reprises qu'il était comme « renfermé dans une bouteille » (II, 665 ; III, 386), à la fois forclos et myope, voyant tout à travers le verre épais du tesson. Restait Pontchartrain. Cet homme haut placé et actif qui, après avoir été simultanément chargé pendant près de dix ans des finances, de la marine et de la Maison du Roi, devint chancelier, qui détourna en 1709 Saint-Simon lui-même de quitter la cour, échappe à première vue à l'espèce de règle qui paraît vouer notre duc à des amitiés d'élection avec des gens considérables, mais rendus inutiles par leur situation, par quelque trait de caractère ou bien par le caprice du sort. Et pourtant, « [t]oute sa vie, il avait formé le dessein de mettre un intervalle entre la vie et la mort ; souvent il me l'avait dit. Sa femme l'avait empêché bien des fois de se retirer avant qu'il fût chancelier ; elle le retint encore depuis, et, en mourant, elle lui fit promettre que, s'il voulait se retirer, il demeurerait encore six semaines à y penser. Dès qu'il alla après sa mort à l'Institution des Pères de l'Oratoire, dans un petit appartement qu'il y avait, où il se retirait les bonnes fêtes, il songea à exécuter son dessein [...]. J'eus beau dire ; je ne gagnai rien. Il attendit son terme, et il parla au Roi, dont la surprise fut extrême. Il ne croyait pas qu'un chancelier pût se démettre, et il est vrai qu'il n'y en avait point d'exemple » (IV, 790). L'événement révèle donc en rétrospective Pontchartrain toute sa vie *travaillé* par la retraite comme par une propension irrésistible, celle-ci suspendue par les grands emplois mais progressant intérieurement jusqu'à ne laisser enfin demeurer qu'une écorce de présence, alors qu'il a déjà résolu son départ : « En entrant, en sortant, ni pendant le Conseil, à ce que dirent après les autres ministres, il ne parut quoi que ce soit sur le visage ni dans les manières du Chancelier » (IV, 791). À cette époque où toute retraite de la cour offensait le Roi, une telle résolution longuement *pourpensée* jette un éclairage inquiétant sur le degré de présence antérieur de Pontchartrain. Les amis de Saint-Simon, « faibles ou affaiblis » (III, 515), paraissent en somme moins à ses côtés que derrière lui ; ils le forment et l'encouragent certes, mais c'est seul qu'il entre en lice.

ENVERS ET CONTRE TOUS

Un épisode des *Mémoires* illustre avec une force particulière ce caractère de solitude dans la lutte, parce que Saint-Simon s'y bat seul pour un homme universellement calomnié et mis au ban par toute la cour. Cet homme, le duc d'Orléans, est son ami, du moins « si l'inégalité permet ce terme » (I, 101). Pendant la terrible année 1712, qui vit mourir coup sur coup et en quelques jours la duchesse et le duc de Bourgogne, alors Dauphin, puis leur fils aîné, commença de courir le bruit qu'ils avaient tous été empoisonnés par le duc d'Orléans, qui aurait disait-on ourdi contre la famille royale cet horrible complot afin d'hériter la couronne. Ce bruit « sourd, secret, à l'oreille » (IV, 448), perça bientôt jusqu'à Saint-Simon « malgré [s]a clôture », car il vivait alors reclus dans son deuil. « La rapidité avec laquelle il remplit la cour, Paris, les provinces, les recoins les moins fréquentés, le fond des monastères les plus séparés, les solitudes les plus inutiles au monde et les plus désertes, enfin les pays étrangers et tous les peuples de l'Europe » (IV, 448), évoque la *Fama* peinte par Virgile dans l'*Énéide*. Une telle expansion indéfinie est du reste sous la plume du mémorialiste l'un des traits distinctifs du Mal, comme l'a naguère brillamment montré Jules Brody[2]. Louis XIV, qui ne l'aimait pas, étant selon le mémorialiste persuadé de sa culpabilité, « M. le duc d'Orléans fut non seulement abandonné de tout le monde, mais il se faisait place nette devant lui chez le Roi et dans le salon, et s'il y approchait un groupe de courtisans, chacun sans le plus léger ménagement faisait demi-tour à droit ou à gauche [...]. En un mot, je fus le seul, *je dis exactement l'unique*, qui continuait à voir M. le duc d'Orléans à mon ordinaire et chez lui et chez le Roi » (IV, 464, nos italiques). Bien que toutes les vertus de cœur paraissent réunies dans cet héroïsme exclusif – loyauté, générosité, abnégation, courage – pourtant, « M. de Beauvillier, le Chancelier, tous mes amis et amies, m'avertissaient sans cesse que j'allais me perdre par une conduite si opposée à l'universelle, et aux sentiments du Roi et de Mme de Maintenon pour M. le duc d'Orléans ; que ne rompre pas avec lui par une entière cessation de le voir était une chose honnête et qui se pourrait souffrir, mais que de vivre continuellement avec lui et publiquement et dans les jardins de Marly [...], c'était une folie » (IV, 464-465). Saint-Simon est seul contre tous, ses alliés mêmes, et leur élémentaire prudence. Le lecteur assiste à un holocauste. Le duc a saisi dans ce drame l'occasion d'un sacrifice éclatant de son intérêt à des valeurs plus hautes. « Je tins ferme ; je trouvai que le cas d'aussi rares malheurs était celui non seulement de n'abandonner pas ses amis quand on ne les croyait pas coupables, mais celui encore de se rapprocher d'eux de plus en plus pour son propre honneur [...] et pour montrer au monde l'indignation qu'on avait de la calomnie » (IV, 465). Alors que le duc d'Orléans n'est qu'une victime « outré[e] et abattu[e] » (IV, 463) de la noirceur, lui en est le martyr volontaire.

Saint-Simon se montre étrangement coutumier de telles attitudes qui conjuguent le sacrifice de soi à une forme de défi. Lorsque ses amis tombent en disgrâce – Du Charmel, par exemple – ou sont écartés d'un

2 J. Brody, « Structures de personnalités et vision du monde dans les *Mémoires* de Saint-Simon », *Cahiers Saint-Simon*, n°4, 1976.

grand office, il ne manque pas de préciser qu'il les a soit défendus soit fréquentés à l'ordinaire, comme il le fit avec Armenonville, directeur général des Finances dont le poste fut aboli en 1708. Ce « coup de foudre [...] il le supporta en galant homme, et il fut regretté. Je l'allai voir, et je me fis toujours un plaisir de lui marquer la même considération et la même amitié » (III, 81). De même, lors de la chute de Chamillart, qui avait été tout ensemble contrôleur général des Finances et secrétaire d'État à la Guerre, il demeure imperturbablement assidu à ses côtés, le recevant au château de La Ferté « avec des fêtes et des amusements que je ne lui aurais pas donnés dans sa faveur et dans sa place » (III, 517). Sous la Régence encore, à son retour d'ambassade, il fait un éclat en faveur du chancelier d'Aguesseau exilé : « Six jours après mon arrivée, j'en allai passer trois à Fresnes. Cette visite fit grand bruit, et fit au Chancelier un plaisir sensible. Tant qu'il y fut, je l'y allai voir au moins deux fois l'année » (VIII, 451). C'est charité certes ; mais quand ses amis sont coupables, le mémorialiste les condamne sans ménagement. Il les aime, mais, comme le Stagirite, il aime encore mieux la vérité. Ainsi du cardinal de Mailly, avec lequel il est extrêmement lié, et de tous temps son « ami intime » (I, 432), dont il dit pourtant des choses terribles en racontant sa mort, parlant « de sa haine jusqu'à la fureur pour le cardinal de Noailles et de ses faibles et injustes causes, de son déchaînement forcené pour la Constitution [*Unigenitus*] » (VII, 817), recourant au lexique de la folie, de l'iniquité et de la destruction avant que d'évoquer l'instant suprême : « Il se retira bientôt après à Saint-Thierry, [...] ne respirant que feu et sang contre les opposants à la Constitution, et sa vengeance particulière de ceux qui osaient encore lui résister, lorsque tout à coup cet écoulement [successif à l'opération d'une fistule] s'arrêta, et fit une révulsion à la tête, où il sentit des douleurs à crier les hauts cris. À peine ce tourment eut-il duré quatorze ou quinze heures, malgré les saignées et tout ce qu'on put employer, qu'il perdit la connaissance et la parole, et mourut dix ou douze heures après, sans avoir eu un moment à penser à sa conscience. Quelle fin de vie dans un prêtre et dans un évêque, toute ambition, et persécuteur effréné par ambition et par haine ! » (VII, 818-819). Cependant, s'il préfère la vérité à ses amis, il faut avouer que le mémorialiste y sacrifie aussi son intérêt, dévoilant au besoin ses erreurs ou son manque de clairvoyance, comme dans le mariage du duc de Berry, où il s'était si fort impliqué.

Or la nouvelle duchesse de Berry s'était avérée une Messaline, et « il se peut dire qu'à l'avarice près, elle était un modèle de tous les vices » (V, 260). Saint-Simon était d'autant plus confus de son choix que la duchesse son épouse avait été nommée, bien malgré elle, dame d'honneur de la princesse. Il n'est pourtant pas question de gazer les faits. « [Ce] seraient pour moi de trop fortes raisons de silence, si ce silence ne jetait pas des ténèbres sur toute la suite de ce qui fait l'histoire de ce temps, dont l'obscurité couvrirait la vérité. C'est donc à la vérité que je sacrifie ce qu'il en va coûter à l'amour-propre, et avec la même vérité aussi que je dirai que, si j'avais connu ou seulement soupçonné dans cette princesse une partie dont le tout ne tarda guère à se développer après son mariage, et toujours de plus en plus depuis, jamais elle n'eût été duchesse de Berry » (V, 260). Le mémorialiste reviendra en conclusion de son œuvre sur les valeurs d'impartialité, de désappropriation et de vérité qui ont été ses lumières et ses guides : à propos des Mémoires, il écrira qu'« [i]l ne peut y en avoir de bons que de parfaitement vrais, [...] il faut que celui qui écrit aime la vérité jusqu'à lui sacrifier toutes choses » (VIII, 662).

Parfaitement exceptionnel est par conséquent le sacrifice de la vérité, et nous n'en trouvons qu'un exemple, souligné par Saint-Simon dans une manchette au ton dramatique : « Je m'anéantis au duc de Beauvillier » (IV, 536). Les deux hommes avaient longuement débattu ensemble, fin 1712, des formes nécessaires aux renonciations réciproques de Philippe V d'Espagne à la couronne de France et des ducs de Berry et d'Orléans à la couronne d'Espagne, afin que leur validité égale fût partout reconnue et présentât les garanties souhaitées par les alliés à la fin de la guerre, ceux-ci redoutant que les deux royaumes fussent réunis sous un souverain unique. Saint-Simon pensait que la solennité seule des États généraux offrirait aux deux princes comme à toute l'Europe l'assurance désirée et les avait instruits de leur intérêt ; il avait également persuadé Beauvillier ; mais le Roi, dont l'absolue autorité ne souffrait la confirmation d'aucune autre, refusait catégoriquement. Le ministre, forcé de reculer et d'obtenir le consentement des princes, se heurte à un Saint-Simon inflexible, mais affligé de résister à un homme qu'il considérait comme son père. Ce « déchirement » entre l'amour et la vérité le met dans l'« angoisse ». « Tout à coup, je l'interrompis, et, le regardant avec feu : "C'est battre l'eau, monsieur, lui dis-je, que répéter toujours les mêmes choses ;

épargnez-vous en la peine, parce que je vous déclare que jamais elles ne me persuaderont ; mais prenez une autre voie. [...] Toute ma vie je vous ai regardé comme mon père, parce que vous avez bien voulu m'en servir, et mon respect et ma confiance vous ont aussi toujours rendu mon oracle. Je veux vous en donner la plus insigne marque, et la preuve la plus unique qui se puisse en donner à un homme, et que je ne donnerais sans exception quelconque à nul autre homme sur la terre, en quelque chose que ce fût. Tenez, monsieur, finissons ; [...] prenez la voie de l'autorité, et, sans nul[le] sorte de raisonnement, dites-moi crûment et nettement en deux mots : "Je veux que vous fassiez telle chose." Je ne répliquerai pas un seul mot, et, contre mon sens, contre ma conviction la plus intime, contre tout l'ouvrage que j'ai bâti et qui est pleinement achevé, j'obéirai comme un enfant, et je n'oublierai rien pour détruire tout ce que j'ai édifié et persuadé [...]" » (IV, 536). Devant ce père d'élection, Saint-Simon redevenu enfant dépose les armes et renonce à lui-même ; et sans doute il se repose enfin dans ce sacrifice consenti non à la vérité qu'il faut défendre, mais à l'autorité qu'il faut suivre ; toutefois, cette posture est chez lui d'une suprême rareté car elle est ressentie comme un effacement. En effet, s'offrir à la vindicte des puissants en leur disant la vérité qui leur déplaît est une façon d'*être* en s'élevant par le courage – c'est celle du mandarin affrontant l'ire de l'empereur et donnant sa tête à couper – ; au contraire, se perdre, se dissoudre dans l'autorité est une régression, un retour au *néant*. Tout oppose donc ces deux formes d'immolation, et la seconde apparaît comme l'exception éclairant la règle, qui est de s'affirmer dans le péril. Saint-Simon fait à ses propres yeux corps avec la vérité : toute fausseté, écrit-il, même « indispensable me coûtait si prodigieusement, que j'étais toujours en crainte de la trahison de mon visage, du son de ma voix, de toute ma contenance. Il n'est pas possible d'exprimer le combat qui se passe au fond d'une âme franche, droite, naturelle, vraie, qui au milieu des périls de la plus dangereuse cour du monde n'a jamais pu se masquer même sur rien » (V, 392), lorsqu'une telle impérieuse nécessité – le salut de l'État – la force momentanément de dissimuler. Cette coïncidence de l'être et de la valeur, celui-ci n'existant pleinement qu'à travers celle-là et menaçant à tout moment de crever l'écorce, la fragile apparence imposée par le monde, cette coïncidence résout sur un plan plus haut la contradiction de la vérité et de l'intérêt : « je l'ai chérie jusque contre moi-même »

(VIII, 663), écrit Saint-Simon ; oui sans doute, mais contre lui-même pris dans sa faiblesse d'homme, dans sa contingence mondaine, dans son « sot amour-propre » (III, 827) ; alors que pour son être essentiel – son âme –, l'intérêt ne différe pas de la vérité. Écrire contre soi, c'est encore œuvrer pour soi.

LES FOUDROYÉS

Saint-Simon n'est pas sans alliés, nous l'avons dit, mais il ne peut compter sur eux que dans un sens ou pour un temps dans les combats qu'il mène et qui le définissent. Ses protecteurs et ses amis le conseillent, l'avisent, l'informent et l'appuient ; ce sont pourtant des sols meubles sur lesquels il ne peut bâtir qu'en tremblant. Les plus dévoués, les plus fidèles même sont sujets à ces défections que sont la retraite et la mort, les plus puissants peuvent être foudroyés. Dans cette cour pleine de détroits et dont il faut « savoir la carte » (II, 567 ; IV, 67, 74), c'est-à-dire les proximités et les éloignements, fussent-ils souterrains, monter au point d'où l'on pourra exercer l'influence est un exercice difficile. Parce qu'elle n'avait d'autres intérêts que les siens, la duchesse de Saint-Simon fut sans doute son plus sûr « soutien » et sa plus grande « ressource » (IV, 288) : « je ne trouvai jamais de conseil si sage, si judicieux, si utile, et j'avoue avec plaisir qu'elle m'a paré beaucoup de petits et de grands inconvénients. Je m'en suis aidé en tout sans réserve, et le secours que j'y ai trouvé a été infini pour ma conduite et pour les affaires » (II, 675). Aussi la ligne de larmes encadrant une croix (IV, 230, var. c) qui indique sa disparition – le 16 juin 1743 – marque dans le manuscrit des *Mémoires* un triple passage à vide, car non seulement le duc interrompt son récit pendant six mois, jusqu'au début du demi-deuil, mais cette pause dans la narration donne lieu à une réflexion sur la charité dont nous trouvons la trace dans l'avant-propos, daté du mois suivant ; enfin cette espèce de litre funèbre qui orne discrètement la cathédrale de mots, silencieuse en ses symboles, signale le suspens d'un langage frappé d'impuissance. À mi-chemin de son œuvre, la terre s'ouvre et manque sous les pas du duc. Désormais, il n'est plus tout entier en cette vie, dont il écrira dans son testament qu'elle lui était devenue « à charge » tant il en ressentait « l'amertume et les pointes [...] jour et nuit[3] » : il appartient déjà à la mort muette, et à cette morte du caveau de La Ferté à laquelle il veut être réuni par des « anneaux, crochets et liens de fer, qui attachent nos deux cercueils si étroitement ensemble et si bien rivés, qu'il soit impossible de les séparer l'un de l'autre sans les briser tous deux[4] ».

Si grande fût-elle, cette perte n'est pourtant pas la seule qui l'eût désemparé. Sans parler de la litanie de décès qu'on trouve au carnet mondain des *Mémoires*, ni même de ces amis successivement perdus – Chevreuse en 1712, Beauvillier en 1714, Pontchartrain en 1727 –, il en est deux qui l'ont si profondément ébranlé qu'elles l'ont conduit à un retrait d'abord partiel et moral, puis à une retraite entière. L'histoire en est bien connue, mais rappelons-la pour en apprécier les effets. Trente ans plus tôt, au terme de lents travaux d'approche, il avait pénétré le cercle rapproché du duc de Bourgogne, par une sorte d'ascension fondée sur l'affinité, car les Saint-Simon ne faisaient qu'un avec les Chevreuse et les Beauvillier, et « M. de Beauvillier ne cessait depuis longtemps de faire naître de l'estime, de l'amitié, du goût pour moi en son pupille, sur l'esprit et le cœur duquel il pouvait tout. [...] Il voulait me mettre peu à peu dans la confiance du jeune prince ; mais il ne voulait pas qu'il en parût rien. » (IV, 262-263). La mort de Monseigneur, en 1711, avait changé la face de la cour. Le duc de Bourgogne, nouveau Dauphin, était un prince tout différent de son père et de son grand-père, car il avait été éduqué par Fénelon, auquel il était demeuré fidèle et attaché par-delà sa disgrâce, à l'instar de Beauvillier, son gouverneur, et de tout le « petit troupeau » (II, 403). Saint-Simon s'est trouvé par cette révolution de palais propulsé dans l'intimité familière du roi à venir, quoique avec une discrétion qui le protégeât des regards, dans cette posture d'éminence grise vers laquelle le portait sa prédilection. Le mémorialiste relate les entretiens qu'il eut alors avec l'héritier de la couronne et leur accord sur les sujets qui le touchaient le plus, les « matières les plus capitales » (IV, 271) : dignité des ducs, pouvoir usurpé des secrétaires d'État, scandale du rang des bâtards royaux. Les lendemains chantaient

3 Saint-Simon, *Testament olographe*, dans *Œuvres complètes*, Paris, 1964, t. I, p. 277.

4 *Ibid.* Ce triste événement se produira pourtant dans la rage et le tumulte révolutionnaires, en 1792, et les restes du mémorialiste seront jetés à la fosse commune. L'église Saint-Nicolas de La Ferté-Vidame ne contient plus qu'un cénotaphe.

pour Saint-Simon ravi. « Il est difficile d'exprimer ce que je sentis en sortant d'avec le Dauphin. Un magnifique et prochain avenir s'ouvrait devant moi. Je vis un prince pieux, juste, débonnaire, éclairé [...]. Je connus avec certitude un changement de gouvernement par principes, j'aperçus sans chimères la chute des marteaux de l'État et des tout-puissants ennemis des seigneurs et de la noblesse, qu'ils avaient mis en poudre et à leurs pieds, et qui, ranimée d'un souffle de la bouche de ce prince devenu roi, reprendrait son ordre, son état et son rang, et ferait rentrer les autres dans leur situation naturelle » (IV, 271). Il se voit « en situation de contribuer à ces grands ouvrages » (IV, 279). Pendant près d'une année se succédèrent les tête-à-tête et les mémoires sur différents projets de gouvernement – vraies *Tables de Rouvroy* – jusqu'au séisme de février 1712.

Moins d'un an après Monseigneur, le Dauphin et la Dauphine moururent brutalement au cours d'une épidémie de rougeole qui devait emporter aussi, comme une réplique, le petit duc de Bretagne. Le choc fut terrible, d'autant que la nature de la maladie n'étant pas claire, l'on a cru qu'ils avaient été assassinés. « Les horreurs qui ne se peuvent plus différer d'être racontées glacent ma main » (IV, 443), note le mémorialiste. « Fagon et Boudin ne doutèrent pas du poison, et le dirent nettement au Roi en présence de Mme de Maintenon seule. Boulduc, qui m'assura en être convaincu, et le peu des autres à qui le Roi en voulut parler, et qui avaient assisté à l'ouverture, le confirmèrent par leur morne silence. Mareschal fut le seul qui soutint qu'il n'y avait de marques de poison que si équivoques, qu'il avait ouvert plusieurs corps où il s'en était trouvé de pareilles, et sur la mort desquels il n'y avait jamais eu le plus léger soupçon. Il m'en parla de même, à moi à qui il ne cachait rien ; mais il ajouta que néanmoins, à ce qu'il avait vu, il ne voudrait pas jurer du oui ou du non » (IV, 444). Le premier chirurgien du Roi pensait comme Saint-Simon que la rumeur publique d'empoisonnement voulait incriminer Philippe d'Orléans, comme en effet il arriva. Ces sinistres événements, la perte du Dauphin en qui il avait placé tous ses vœux le désespérèrent. « [J]e voulus tout quitter, et me retirer de la cour et du monde, et [...] ce fut tout l'ouvrage de la sagesse, de la conduite, du pouvoir de Mme de Saint-Simon sur moi, que de m'en empêcher avec bien de la peine » (IV, 413). Il demeura donc, et seconda trois ans plus tard le futur Régent dans sa lourde tâche de planification, mais ce fut sans l'enthousiasme ni la confiance de naguère, car le duc d'Orléans, si doué qu'il fût, n'était pas ce prince dont « la terre n'était pas digne » (IV, 428) et que Dieu leur avait enlevé ; il n'était pas non plus promis au trône, son temps d'action était compté ; et puis, comment croire encore quand l'azur s'est obscurci ? Saint-Simon jouera désormais son rôle de conseiller avec scepticisme et refusera constamment les grandes charges – celle de ministre des finances, celle de Chancelier, celle de gouverneur du Roi.

Philippe, toutefois, était son ami. Faible, changeant, sous influence, mais son ami. Aussi, malgré les déconvenues de la Régence, le mémorialiste a-t-il à nouveau un mouvement de recul lorsqu'il s'agit d'évoquer sa fin, dans des termes qui rappellent de près ceux que nous venons de citer. « Je touche à un but que je crains d'atteindre [...]. Cette *horreur* d'y venir enfin m'a arrêté, m'a accroché où j'ai pu, m'a *glacé*. On entend bien qu'il s'agit de venir à la mort et au genre de mort de M. le duc d'Orléans, et quel récit épouvantable, surtout après un tel et si long attachement, puisqu'il a duré en moi pendant toute sa vie, et qu'il durera toute la mienne pour me pénétrer d'effroi et de douleur sur lui » (VIII, 644-645, nos italiques). La tristesse de sa perte, l'angoisse d'une mort subite en état de péché grave, l'office de premier ministre passé en des mains défavorables, tout cela confirme Saint-Simon dans un parti pris depuis longtemps. « Je m'en allai à Paris, bien résolu de ne paraître devant les nouveaux maîtres du Royaume que dans les rares nécessités [...]. Heureusement pour moi, je n'avais jamais dans aucun temps perdu de vue le changement total de ma situation ; et pour dire la vérité, la perte de Mgr le duc de Bourgogne, et tout ce que je voyais dans le gouvernement m'avait émoussé sur toute autre de même nature. Je m'étais vu enlever ce cher prince [...] qui n'avait pas encore trente ans, prêt à monter sur le trône, et à ramener dans le monde la justice, l'ordre, la vérité ; et depuis, un maître du Royaume constitué à vivre un siècle, tel que nous étions lui et moi l'un à l'autre, et qui n'avait pas six mois de plus que moi » (VIII, 651). C'est ainsi que, hibou perché dans son désert et méditant le « rien de tout » (I, 15), Saint-Simon alla préparer en secret son œuvre de *justice*, d'*ordre* et de *vérité*, dans le monde parallèle du langage.

UN PAYSAGE HEURTÉ

Dans la brève embellie de 1711, Saint-Simon avait cru voir entre les nuées d'un règne moins solaire à ses yeux que crépusculaire « la chute des marteaux de l'État » (IV, 271), cette « vile bourgeoisie » (V, 336) qui avait pulvérisé la noblesse. L'image revient dans les *Mémoires* à quelques reprises : pour parler du ministère des finances, « marteau du peuple et du public » (V, 316) ; des intendants et des « gens de rien enrichis et enorgueillis [...] [qui sont] le marteau continuel de la noblesse, et le fléau du peuple » (V, 373) ; enfin du Roi même et de son « horrible marteau » (VII, 217), qui avait tant fait pâtir les ducs. Métaphore puissante, reprise d'un sens figuré attesté déjà au siècle précédent, elle traduit – avec d'autres que nous rencontrerons chemin faisant – quelque chose d'essentiel dans la sensibilité littéraire de Saint-Simon, sa faculté de percevoir et de rendre les contrastes, les oppositions, les querelles, les chocs. La place que ceux-ci tiennent chez lui, dans son paysage mental et intérieur[5], semble telle que nous parlerions volontiers de trait structurant, qui organise sa représentation du monde, confère à l'homme[6] son caractère et à l'écrivain sa manière. La critique d'art – celle des *Salons* de Diderot par exemple – parle de touche ou de dessin heurté quand le peintre n'adoucit pas les contours ni ne fond les teintes et adopte un style dur et vigoureux, des termes qui, *mutatis mutandis*, peuvent s'appliquer à Saint-Simon. Ainsi pensaient du reste ses contemporains, qui parlent à son endroit de style « laconique, dur, bouillant, inconsidéré[7] » et aisément « reconnaissable » (III, 828), comme il l'admet lui-même ; inférant comme Buffon du style à l'homme, on dira que c'est celui d'un auteur singulier, à l'écart de la

---

5 Il faut ici rendre hommage à Jean-Pierre Richard, dont le merveilleux *Paysage de Chateaubriand* (Paris, 1967) est à l'origine de cet essai. Voir également F. Raviez, « Vers un paysage imaginaire de Saint-Simon. Questions de méthode et méthode en question », *Cahiers Saint-Simon*, n°25, 1997, qui relève l'importance dans cette perspective des images explosives.

6 L'homme tel que les *Mémoires* le mettent en scène ; celui que nous présentent les lettres ou les témoignages extérieurs sont différents, bien sûr, et nous n'avons pas la naïveté de prétendre dépeindre *le vrai Saint-Simon*.

7 Avis formulé par un robin à propos d'un mémoire présenté au Régent par Saint-Simon, cité par S. Scott, « Saint-Simon et ses premiers lecteurs », *Stanford French Review*, vol. V, n°1, 1981, p. 38.

norme, isolé comme ces espèces qui vivent sur un territoire unique et clos et qui ne ressemblent à aucune autre. Saint-Simon a traversé son temps avec l'énergie d'un météore. Ses Mémoires produisent le tableau d'un univers secoué par d'incessants conflits – politiques, militaires, juridiques, moraux –, présentés comme la lutte à mort de principes absolus et antagonistes, ce qui leur confère une dimension religieuse, voire ontologique –, de relations brusques, d'antipathies innombrables formulées sans ménagement, dans une langue pleine d'images étonnantes, de rythmes saccadés, déclinant le choc sur tous les registres avec une contagieuse délectation. C'est dans ce paysage aux puissants reliefs, parmi ces torrents, sous ce ciel sombre et zébré d'éclairs que nous invitons le lecteur à nous accompagner.

AU MILIEU DES TÉNÈBRES

Saint-Simon se tient droit au milieu de la cour, véritable *locus terribilis*, parmi les créatures tour à tour rampantes et glorieuses, mi-animales mi-humaines qui l'habitent : il affronte ces conjurés de l'ombre, ce « monde la plupart si soigneusement masqué » (I, 12), dénonçant au grand jour les menées de ceux qui appartiennent à la nuit. Les ténèbres apparaissent en effet comme la condition même de l'homme – incurable si l'historien ne les dissipe –, non seulement face aux desseins providentiels, mais aussi face aux entreprises souterraines de l'esprit du mal. Bien que Satan n'y soit qu'une seule fois désigné par son nom, comme l'a rappelé François Raviez[1], les *Mémoires* sont peuplés de ses suppôts ; le plus éminent est le duc de Noailles, dont la vie est « ténébreuse, enfermée, ennemie de la lumière » : « [l]e serpent qui tenta Ève, qui renversa Adam par elle, et qui perdit le genre humain, est l'original dont le duc de Noailles est la copie la plus exacte, la plus fidèle, la plus parfaite, autant qu'un homme peut approcher des qualités d'un esprit de ce premier ordre, et du chef de tous les anges précipités du ciel » (V, 283). Cet émule principal du Démon n'est toutefois pas le seul, car c'est un caractère commun des ennemis de Saint-Simon : on le trouve chez le duc du Maine – « [a]vec de l'esprit, je ne dirai pas comme un ange, mais comme un démon, auquel il ressemblait si fort en malignité, en noirceur, en perversité d'âme, en desservices à tous, en services à personne, en marches profondes, en orgueil le plus superbe, en fausseté exquise, en artifices sans nombre, en simulations sans mesure » (II, 939) –, ou, plus allusivement, chez le cardinal Dubois – « [t]ous les vices combattaient en lui à qui en demeurerait le maître. Ils y faisaient un bruit et un combat continuel entre eux. [...]. [C]heminant ainsi dans la profondeur et les ténèbres, [...] [i]l passait ainsi sa vie dans les sapes » (V, 241) – ou chez Pontchartrain le ministre – « il aimait le

1 F. Raviez, *Le duc de Saint-Simon et l'écriture du mal*, Paris, 2000.

mal pour le mal et prenait un plaisir singulier à en faire. [...] Outre qu'il était méchant, il était malin encore, et persécuteur jusqu'aux enfers » (IV, 251). Portraits au vitriol, qu'il faut lire jusqu'au bout pour en savourer l'âpre et jubilatoire beauté. Et il y a les autres, bien sûr, les haines et les antipathies sans nombre, les adversaires victimes de sa plume, courtisans ambitieux, félons, bâtards et *bâtardeaux*, usurpateurs de tout poil, Vendôme, Villars, d'Antin, Harlay, Bouillon, dissimulés, coutumiers des manœuvres obscures que pourfend le mémorialiste, tranchant l'une après l'autre les têtes toujours renaissantes de l'hydre.

On peut les voir à l'œuvre dans l'affaire du pari de Lille, survenue pendant la campagne militaire de 1708. La ville assiégée par les Impériaux avait été investie le 12 août et le secours de l'armée, commandée sous le duc de Bourgogne par les maréchaux de Vendôme et de Berwick, qui campait au début de septembre juste au nord de Douai, tardait, car le triumvirat était en proie à la dissension. Aussi Saint-Simon « ne cru[t] jamais que M. de Vendôme voulût secourir Lille, mais qu'après avoir osé attaquer le Prince aussi hardiment et aussi cruellement qu'il avait fait de dessein manifestement formé, pendant toute la campagne, sa résolution était bien prise de lui faire avorter ce secours si important entre les mains, de l'accabler de tout le blâme, et de l'écraser de la sorte sans retour » (III, 252). Un soir que le duc entendait avec colère et dépit « toutes les vanteries de bataille, de victoire et de secours, [...] la patience [lui] échappa tout d'un coup, et [il] propos[a] à Cany, qu['il] interrompi[t], de parier quatre pistoles qu'il n'y aurait point de combat, et que Lille serait pris et point secouru » (III, 252). Ce brusque pari stupéfia l'assistance ; et le bruit en courut bientôt par la cour, où ses ennemis entendirent bien ce que cachait ce « laconisme [...] et à quoi [il] imputai[t] la perte prochaine de Lille » (III, 254). Ils mirent, comme il l'écrit plus loin, « le doigt sur la lettre » (III, 642), sans que celle-ci fût proférée : c'est que, *sotto voce* et en privé, Saint-Simon désignait le traître, préfigurant de loin les dénonciations explicites et redoublées du mémorialiste, qui devait publier quarante ans plus tard les mensonges de Vendôme, ses « audacieux et calomnieux fracas contre Mgr le duc de Bourgogne » (III, 264). Un parti dont l'infâme projet était d'écraser l'héritier de la couronne n'allait pas épargner un petit duc qui n'était rien encore. « Je m'étais trop vivement déclaré lors du combat d'Audenarde pour que la cabale de Vendôme me le pardonnât. Ils ne laissèrent donc pas tomber mon pari » (III, 253-254). On prétendit qu'il manquait de patriotisme, on le perdit sans qu'il le sût.

Le contraste est entier entre le simple particulier dans lequel Saint-Simon avait accusé Vendôme à demi-mot et le secret dans lequel on avait « soigneusement port[é] jusqu'au Roi » (III, 254) une rumeur destructrice à son sujet. Ce souterrain par lequel agit l'ennemi, c'est proprement la mine, la fougasse[2] ou la sape, des termes techniques que le mémorialiste emploie au figuré pour parler de manœuvres sournoises et dangereuses : ainsi l'abbé de Maulévrier, « grand homme décharné, d'une pâleur de mort qu'on va porter en terre, [...] qui ne pardonnait point, et capable de toute espèce de fougasse » (III, 990) ; ou alors Dom Gervaise, indigne successeur de Rancé, qui « allait à la sape avec application » (I, 550) pour changer tout ce que son prédécesseur illustre avait établi, en lui rendant des adorations publiques ; et surtout M. du Maine, qui, pour se faire nommer prince du sang, conçut une sape « délicatement conduite », mais ne trouva d'abord dans le Roi qu'un « rocher vif qui émoussait les outils » (IV, 836) – ce qui ne l'empêcha pas d'en venir à bout, car ses ressources étaient considérables. Dans l'horrible histoire de la mort du Dauphin et de la Dauphine, Saint-Simon lui impute à la fois le double empoisonnement et le bruit visant à couler le duc d'Orléans. Celui-ci aurait dû prendre l'affaire « en prince de son rang sur qui aucun soupçon ne saurait trouver prise, [...] et qui, en faisant en public le parallèle exact et juste de son intérêt et de celui de M. le duc du Maine tel qu'on vient de le voir, l'aurait fait trembler avec toute sa faveur [...]. Cela eût fait un violent éclat entre lui et M. du Maine ; mais cet éclat le désarmait : un ennemi public et déclaré est bien moins à craindre que des mines chargées constamment sous les pieds, [...] un ennemi d'aussi peu de courage, et dont tout le danger ne se trouvait que dans les ténèbres dont il savait s'envelopper » (IV, 460-462). Il en va de même pour le duc de Noailles, « qui n'a aucune suite dans l'esprit que pour les trames, les brigues, les pièges, les mines qu'il creuse et qu'il fait jouer sous les pieds » (IV, 365). Face à ces ennemis couverts, Saint-Simon a voulu la confrontation, et plus encore peut-être l'éventement. Ses Mémoires, qui divulguent des complots sourdement

---

2 « Espèce de mine qui n'est qu'un petit fourneau en forme de puits, qu'on charge de barils de poudre, et qu'on fait jouer par le moyen d'une saucisse » (Furetière, s.v. fougasse), celle-ci étant une « longue charge de poudre mise en rouleau dans de la toile goudronnée, qu'on attache à une fusée lente qui sert d'amorce pour faire jouer une mine » (Furetière, s.v. saucisse).

ourdis, instruisent le procès de criminels qui ont cherché à piller l'État ou à renverser l'ordre naturel de la hiérarchie.

Parmi eux, l'Ange Noailles tient une place unique et flamboie dans l'obscurité comme un gemme noir. De grande naissance, comme il sied au « vrai fils du père du mensonge et du séducteur du genre humain » (V, 439), il n'a pas usurpé son rang ; quant à l'intensité du conflit qui l'oppose à Saint-Simon, elle paraît, chose étrange, en raison inverse de son impact – car ils finirent par s'allier, le fils aîné de Saint-Simon ayant épousé en 1727 l'aînée des nièces de son ennemi. La lutte entre eux semble être d'ordre imaginaire, elle campe le mémorialiste face à la scène primitive du mal. Il rapporte celle-ci en son lieu, dans le cours d'une conversation des deux hommes, peu avant la mort du Roi :

> Il bavarda longtemps sans dire grand'chose ; peu à peu s'échauffant comme exprès dans son harnois, mais possédant toute son âme, ses paroles et jusqu'à ses regards : « Vous n'avez pas voulu, me dit-il, des finances (M. le duc d'Orléans le lui avoit dit) ; vous ne voulez vous charger directement de rien ; vous avez raison. Vous vous réservez pour être de tout, et vous attacher uniquement à M. le duc d'Orléans ; au point où vous en êtes avec lui, vous ne sauriez mieux faire. En nous entendant bien, vous et moi, nous en ferons tout ce que nous voudrons ; mais, pour cela, ajouta-t-il, ce n'est pas assez des finances : il me faut les autres parties ; il ne faut point que nous ayons à compter avec personne. » J'écoutois avec un profond étonnement une ouverture si personnelle, si démasquée, si peu mesurée sur M. le duc d'Orléans et sur le bien de l'État [...]. « [...] [E]ncore une fois agissons de concert, entendons-nous bien ; faites-moi faire premier ministre, et nous serons les maîtres[3]. »

« Nous pourrons tout, nous serons les maîtres » : le Tentateur allume la mèche de la *libido*, l'ultime concupiscence, le désir d'être *comme des dieux* ; mais Louis de Rouvroy n'est pas le premier homme, la vie à la cour rend attentif aux appétits de pouvoir. Il refuse avec hauteur et indignation ; il a pourtant la vue encore brouillée et ne lit pas clairement les signes. Noailles entreprend de le perdre sans tarder, il lui impute le projet de réunir les ducs pour une salutation en corps au nouveau souverain, afin de monter contre lui le reste de la noblesse. « Je ne fus informé que tard de cette exécrable perfidie et de tout son effet. Alors seulement les écailles me tombèrent des yeux. [...] Enfin je vis qu'un guet-apens de si loin et si profondément pourpensé, si contradictoire à toute vérité, si subit, si à bout portant, et

3 GEF, XXVII, 216-217 ; Pléiade, V, 428-429.

dans une telle crise de toute espèce de choses et d'affaires, était le fruit de la plus infernale ambition, et de l'ingratitude la plus consommée » (V, 437). Cette fois, il reconnaît la signature : « le tout ensemble est sublimement marqué au coin du Prince des démons, qui seul l'a pu inspirer et conduire » (V, 439). Une telle scélératesse, et si « ténébreuse » (V, 439), ne pouvait demeurer sans réplique. Saint-Simon reviendra avec persévérance, comme en un *leitmotiv*, sur les insultes publiques qu'il fit dès lors subir à Noailles, sur son refus de le saluer, sur ses mépris en plein conseil, sur la désolation dans laquelle il le jetait, sur cette violence dont la part de rêve se trahit par des images un peu folles de massacre et de curée. « [J]e ne me cache à vous, ni à personne ni à lui-même, que le plus beau jour et le plus délicieux jour de ma vie ne fût celui où il me serait donné par la justice divine de l'écraser en marmelade et de lui marcher à deux pieds sur le ventre, à la satisfaction de quoi il n'est fortune que je ne sacrifiasse » (VI, 226). Aussi le « raccomodement » (V, 446), rendu nécessaire par les noces du duc de Ruffec et de la princesse de Bournonville, fille de Marie-Christine de Noailles, est-il amer et rebutant, Saint-Simon demeurant « froid tout droit » lors du baiser d'usage, alors que son vieil ennemi « se jeta à moi si bas que ce fut au-dessous de ma poitrine, et m'embrassa de la sorte des deux côtés » (V, 450). Ainsi c'est encore par le ventre, celui de Saint-Simon cette fois, étreint dans une image inverse de la précédente, mais non moins violente, que se répare en public l'honneur bafoué – une espèce d'hommage outrancier et sauvage. « Tout le corps me tremblait [...]. Je revins chez moi comme un homme ivre et qui se trouve mal : en effet, peu après que j'y fus, il se fit un tel mouvement en moi de la violence que je m'étais faite, que je fus au moment de me faire saigner ; la vérité est qu'elle fut extrême » (V, 430-431). C'est un retour de duel. Le corps à corps de la lumière et des ténèbres est une chose terrible.

LE DÉSASTRE DES DUCS

On a beaucoup daubé la *ducomanie* de Saint-Simon ; c'était un peu facile. Elle révèle pourtant la clef de voûte des *Mémoires* et l'horizon vers lequel leur auteur a les yeux constamment tournés. La question nobiliaire comportait pour lui une dimension évidemment personnelle, mais on se méprendrait à n'y voir qu'une obsession ou, pis encore, une forme de mégalomanie. Saint-Simon bâtit autour du rang des ducs et de leur rôle politique une mystique de l'État moins conservatrice que fixiste, quoiqu'il dote certaines époques du passé, les règnes de Louis XIII et de saint Louis par exemple, d'une vertu restauratrice de l'essence même des choses. Cependant, né sous Louis XIV, vieilli sous Louis XV, il a eu le sentiment d'assister sa vie durant presque impuissant à un bouleversement complet de l'ordre naturel, suscité par l'appétit de pouvoir des uns et des autres, introduit à la faveur des négligences et des préventions du Roi, incarné dans des entreprises dont l'audace, hélas, était souvent récompensée, car la France, écrit-il avec dépit, est un pays où toutes les *nouveautés* trouvent des « amateurs stupides » (VIII, 653). Le terme est par lui toujours pris en mauvaise part, il stigmatise les écarts, la distance prise peu à peu d'avec une origine parfaite et en quelque sorte hors du temps. La durée de l'histoire, qui devrait confirmer l'idéal, en déchoit dans la nouveauté ; face à l'ouvrage de la corruption, l'historien doit non seulement relater, décrire le processus d'altération, mais en faire la critique dans une démarche réparatrice, seule justification d'une censure qui atteint les coupables en les nommant par leur nom et qui ne recule pas devant l'invective.

Vis-à-vis d'une cour éprise de toutes les modes, légère, fluctuante, le Roi, qui aurait dû incarner la permanence, s'est rendu le complice de ceux qui attentent à ce qui fait sa vraie grandeur par une fausse idée de son autorité. L'ignorance du Roi, traditionnellement convoquée par ceux qui veulent excuser les crimes commis en son nom, prend à rebours chez Saint-Simon, parlant de Louis XIV, une portée accusatrice. « À peine lui apprit-on à lire et à écrire, et il demeura tellement ignorant que les choses les plus connues d'histoire, d'événements, de fortunes, de conduites, de naissance, de lois, il n'en sut jamais un mot » (V, 478). Cette ignorance « grossière » (V, 550) le rendit facile à flatter et on lui fit aisément croire que ce qui ne dépendait pas de lui ternissait son éclat. Aussi craignait-il « la naissance distinguée [...] autant que l'esprit, et si ces deux qualités se trouvaient unies dans un même sujet, et qu'elles lui fussent connues, c'en était fait » (V, 479) – ce dont Saint-Simon dut avoir à pâtir. Le Roi « dépouilla et [...] avilit tant qu'il put toute sa vie » (II, 547) les ducs, tout comme il éleva sans cesse des gens de pouvait renvoyer d'un geste au néant. Car si la dignité ducale l'irritait, c'est paradoxalement qu'il en connaissait l'étendue, comme le montre une scène « plus étonnante qu'on ne se le peut imaginer à qui a connu le Roi » (III, 26), et que le mémorialiste rapporte à la date de 1707. Le Roi avait un jour découvert à sa table Mme de Torcy, épouse de son secrétaire d'État des Affaires étrangères, assise au-dessus de la duchesse de Duras, celle-ci arrivée après que les places eurent été prises. Mme de Torcy lui avait offert de prendre la sienne, comme le voulait la préséance, mais la jeune duchesse n'avait pas voulu. Le repas terminé, le Roi dit publiquement chez elle à Mme de Maintenon :

> qu'il venoit d'être témoin d'une insolence, ce fut le terme dont il se servit, incroyable, et qui l'avoit mis dans une telle colère, qu'elle l'avoit empêché de manger, et raconta ce qu'il avoit vu de ces deux places ; qu'une entreprise auroit été insupportable d'une femme de qualité, de quelque haute naissance qu'elle fût, mais que, d'une petite bourgeoise, fille de Pomponne, qui s'appeloit Arnauld, mariée à un Colbert, il avouoit qu'il avoit été dix fois sur le point de la faire sortir de table [...]. Là-dessus, le Roi reprit qu'il falloit [...] que toute deux ignorassent bien fort, l'une ce qui lui étoit dû, l'autre le respect, ce fut encore son terme, qu'elle devoit porter à la dignité et à la naissance [...]. [I]l acheva de combler l'assistance d'étonnement ; car [...] il se mit à exalter la dignité des ducs, et fit connoître, pour la première fois de sa vie, qu'il n'en ignoroit ni la grandeur, ni la connexité de cette grandeur à celle de sa couronne et de sa propre majesté. Il dit que cette dignité étoit la première de l'État, la plus grande qu'il pût donner à son propre sang, le comble de l'honneur et de la récompense de la plus haute noblesse[4].

L'étonnement de Saint-Simon devant cette « vesperie » (III, 30) en souligne la singularité ; en cette seule occasion de la vie du Roi, le hasard d'un désordre qu'il n'avait ni voulu ni prévu, et le dosage explosif de ce qu'il savait – l'éminence de la dignité ducale – et de ce qu'il ignorait en général volontairement – la confusion attentatoire à sa majesté – avaient produit cette unique déflagration ; tant est grand le pouvoir de la vérité, que celui qui ferme les yeux ne peut éviter quelquefois de voir ce qui le désabuse et lui déplaît.

À la dignité ducale, « l'horrible marteau du feu Roi » (VII, 217) avait porté de grandes atteintes, dont Saint-Simon fait la liste dans l'*État des changements arrivés à la dignité de duc et pair de France* rédigé pour le duc de

---

4 GEF, XV, 244-247 ; Pléiade, III, 27-29.

Bourgogne, en quatre-vingt-dix articles qui résonnent comme le glas, et dont le coup de grâce s'intitule « Invasion aussi générale qu'inimaginable de toutes entreprises, usurpations, prétentions et abus, et par tant de sortes de gens et d'espèces de personnes, qu'il est impossible d'ajouter par articles, mais qui achèvent parfaitement l'anéantissement des restes de la dignité de duc et pair de France dedans et dehors le Royaume[5] ». De ces sortes et de ces espèces toutefois – secrétaires d'État, cardinaux, princes du sang, nobles non titrés, etc. –, trois surtout forment des fronts sur lesquels Saint-Simon s'est battu sans désemparer : celui des présidents du parlement, celui des princes étrangers, celui de princes légitimés. Contre ces adversaires, il a multiplié les mémoires aux titres programmatiques, comme ces *Brouillon des projets sur lesquels il faudrait travailler petit à petit sans relâche et sans jamais tomber dans le piège de se laisser rebuter par rien*, obstacles, dégoûts, échecs, promesses brisées.

L'AFFAIRE DU BONNET

Le mémorialiste n'a pas de mots assez durs pour ceux qu'il appelle les *légistes*, à l'origine convoqués par saint Louis pour débrouiller les procès, au bénéfice des juges naturels qu'étaient les pairs. Dans la « Digression nécessaire en raccourci sur la dignité de pair de France et sur le parlement de Paris et autres parlements » (V, 1-97), il les ramène impitoyablement à leur fonction de simples conseillers, n'ayant obtenu voix délibérative qu'à la faveur de l'absence des pairs, et pour les seules affaires courantes, assis sur le marchepied des hauts sièges avant de se hisser jusqu'à eux. Depuis lors tout n'est qu'usurpations « multipliées à l'infini » (V, 12), car on ne peut changer que les faits et point les essences ; celles-ci défigurées, méconnaissables comme la statue de Glaucus – dont Rousseau allait bientôt renouveler le symbole –, mais point modifiées, demeurent dans le désordre de l'usage lisibles à l'état de traces au cœur de l'archive que parcourt le mémorialiste : étymologies, protocoles, chartes, monuments, afin de restaurer le vrai

5 Saint-Simon, *État des changements arrivés à la dignité de duc et pair de France depuis mai 1643 jusqu'à mai 1711*, dans *Hiérarchie et mutations*, éd. Y. Coirault, Paris, 2002, p. 119, n. 337.

visage de la magistrature sous les accroissements qui l'ont boursouflé. Par exemple, « encore que les officiers de la couronne aient [dans les parlements] leur séance aux hauts sièges, le seul chancelier a la sienne en bas, [...] parce qu'encore qu'il soit le second officier de la couronne, et si considérable en tout, et là même en son triomphe de chef de la justice et de présider sous le Roi, il n'est que légiste, et maintenant magistrat, et comme tel ne peut avoir séance aux hauts sièges. La même raison le prive du traitement de cousin, que nos rois donnent non seulement aux ducs pairs et vérifiés, mais aussi aux ducs non vérifiés, et à tous les autres officiers de la couronne » (V, 34). Saint-Simon procède ainsi à une rectification systématique – décapage des vernis, rabotage des parties adventices – au moyen des outils de l'histoire et de la connaissance des sources, retraçant l'origine des prétentions et l'insinuation progressive des abus – « origine de la présidence et de sa prétention de représenter le Roi » (V, 34), « [o]rigine de la prétention des parlements d'ajouter par ses enregistrements un pouvoir nécessaire » (V, 36), « [é]poque de sa prétention de se mêler des affaires d'État et de cette chimère de tuteur des rois » (V, 40) –, et concluant par le « [c]ontraste de l'état originel des légistes dans les parlements avec leurs usurpations postérieures » (V, 50).

La façon dont Saint-Simon passe au crible ce « monstre de grandeur sur piédestal d'argile » (V, 51) tient à l'esprit de la critique historique, dont le développement ne lui était pas inconnu. Sa familarité avec un domaine particulier de l'érudition – celui touchant les généalogies, les rangs, les grandes charges et leurs prérogatives – ne fait aucun doute ; et ses contacts avec le monde savant remontent au moins à 1702, quand il fut approché pour rédiger un morceau relatif à Louis XIII qui devait figurer dans l'histoire métallique du règne de Louis XIV, chef d'œuvre de l'Académie des Inscriptions paru cette année-là à l'Imprimerie royale. « Je le fis donc [...]. Quand ce fut à l'examen pour l'insérer, ces Messieurs [l'abbé Tallemant, Jacques Tourreil et André Dacier] furent effrayés. Il est des vérités, dont la simplicité sans art jette un éclat qui efface tout le travail d'une éloquence qui grossit ou qui pallie : Louis XIII fournit de celles-là en abondance. Je m'étais contenté de les montrer ; mais ce crayon ternissait les tableaux suivants à ce qu'il parut à ceux qui les ornaient » (II, 191). Devant ce contraste, les éditeurs se résolurent à publier « la médaille sèche de Louis XIII » (II, 192), sans l'explication prévue. Dans la bibliothèque parisienne de Saint-Simon, les œuvres de ces mêmes académiciens côtoyaient celles des mauristes : on y trouvait le *De Re Diplomatica* de Mabillon et son *Supplementum*, les premiers volumes de l'*Histoire de l'Académie Royale des Inscriptions et Belles-Lettres* de Claude Gros de Boze, les *Mémoires pour servir à l'Histoire ecclésiastique des six premiers siècles* de Sébastien Le Nain de Tillemont, les premiers tomes de la *Gallia Christiana* de Denis de Sainte-Marthe, ainsi que des œuvres de Montfaucon[6], de Boulainvilliers ou de Baluze, dans des éditions acquises tout au long de sa vie[7]. Ceci pourrait surprendre, car l'érudition historique avait été battue en brèche par Rancé, maître à penser du mémorialiste, dans une querelle dont il possédait également les pièces (Rancé, *De la Sainteté et des Devoirs de la vie Monastique* ; Mabillon, *Traité des Études Monastiques* ; Rancé, *Réponse au Traité des Études Monastiques*). Mais en dépit de sa vénération pour l'abbé de la Trappe, son œuvre porte la marque d'autres affinités, sinon d'autres influences, en vertu d'un impérieux engagement dans le siècle. L'érudit Antoine Lancelot, disciple de Mabillon qui devait joindre les rangs de l'Académie des Inscriptions en 1719, avait été engagé dès 1711 par les pairs pour défendre leurs intérêts dans le différend qui les opposait aux magistrats ; il leur servit de secrétaire lors de leurs assemblées jusque vers 1725 et publia ses mémoires sur l'affaire du bonnet[8] ; surtout, ce protégé de Beauvillier fut en relation personnelle et suivie avec Saint-Simon durant une vingtaine d'années, de 1712 à 1731, pendant lesquelles ils collaborèrent à divers travaux, dont un *Mémoire concernant la préséance des pairs de France sur les princes étrangers*. Hélène Himelfarb a montré que l'écriture et la pensée convergeaient chez eux au point qu'ils en étaient parfois indiscernables[9].

La critique historique apparaît entre les mains du mémorialiste comme une arme de guerre dans les principales batailles qu'il a livrées, dont celle du bonnet, commencée sous la première présidence de Nicolas de

6 Saint-Simon fut souscripteur des *Monuments de la monarchie française* de Montfaucon ; on a de lui une lettre datée de Meudon, 27 septembre 1720, adressée au célèbre érudit. Elle est passée en vente chez Christie's à Paris, le 6 novembre 2013.

7 Pour tous ces titres, voir P. Hourcade, *La Bibliothèque du duc de Saint-Simon et son cabinet de manuscrits (1693-1756)*, Paris, 2010, *passim*.

8 Antoine Lancelot, *Mémoires concernant les Pairs de France, avec les preuves*, Paris, Coustelier, 1720.

9 H. Himelfarb, « Saint-Simon et les "nouveaux savants" de la Régence. Sa collaboration avec Antoine Lancelot », dans *La Régence*, Paris, 1970, p. 107, 114-115. Voir aussi H. Himelfarb, « Saint-Simon et le jansénisme des Lumières », SVEC, n°88, 1972, p. 749-768.

Novion (1678-1689). Il s'agit d'une querelle de préséance au moment des procès et de la réception des pairs. Plutôt que de prendre l'avis des conseillers couvert et de se découvrir en arrivant aux pairs, comme le voulaient l'usage et la hiérarchie, car eux-mêmes opinaient découverts, Novion feignit la distraction et « commença par mettre négligemment son bonnet sur le bureau, tantôt au commencement, tantôt au milieu, quelquefois vers la fin de l'appel des noms des conseillers, et il évita toujours de l'ôter au moment qu'il nommait le premier à opiner des pairs. De là, il poussa plus loin l'affectation de son inadvertance : il demeura couvert en nommant les premiers des pairs à opiner, puis se découvrait comme ayant oublié de le faire, et achevait d'appeler le noms des autres » (V, 54-55). Ce fut à la réception de M. de Châlons en 1681 que Novion, « levant les masques » (V, 55), demeura couvert en appelant les pairs et ne se découvrit que pour les princes du sang. Au milieu d'une longue suite « d'incroyables abus » (V, 85), celui-ci dégénéra en querelle, toujours irrésolue à l'époque de la rédaction. Toute la défense des présidents, écrit-il, « est de se *couvrir* du nom et de la majesté du Roi, qu'ils prétendent représenter tous ensemble en leur commune présidence [...]. La fausseté de cet allégué se *découvre* en ce que les représentants du Roi auraient la première place dans le lieu et la fonction de leur représentation. Or il est de fait que ce sont les pairs qui l'ont sur eux, tant aux hauts sièges qu'aux bas sièges, puisqu'ils sont à la droite du coin du Roi » (V, 138-139 ; nos italiques). Les présidents couverts, au propre de leur bonnet, au figuré de la majesté royale, n'ont pas plus droit à l'un qu'à l'autre ; et Saint-Simon les découvre en tous sens par les preuves qu'il apporte de leur rang véritable : histoire de leurs usurpations et analyse de la séance au Parlement rapportée au plan de la Grand-Chambre (V, 67-81) qui apparaît dessiné dans le manuscrit des *Mémoires*, avant de les y contraindre par le lit de justice « résurrectif » de 1718.

Du commencement de cette affaire, survenu alors qu'il n'avait que six ans, Saint-Simon ne possède évidemment nul souvenir personnel, pas plus que des changements apportés avant sa naissance au statut des légistes ; mais, outre les témoignages qu'il a pu recueillir de ses aînés, il dispose de documents reproduits d'originaux, imprimés et manuscrits, qu'il cite parfois, comme les extraits des registres du Parlement publiés par Denys Godefroy, garde des archives de la Chambre des Comptes de Lille, dans son *Histoire de Charles VIII* (Imprimerie Royale, 1684), ici afin de transcrire une déclaration du premier président de La Vaquerie sur la limite des compétences du Parlement (V, 38). Si occasionnelle qu'elle soit, cette façon particulière de défendre son droit sur pièces, à la manière d'un savant consultant les dépôts diplomatiques, est d'autant plus remarquable que le genre des Mémoires illustre en principe une conception de l'histoire fondée exclusivement sur l'*autopsie*, le témoignage direct, et l'emploi d'archives personnelles ; elle se vérifie sur le front des princes étrangers, ou prétendus tels.

LES PRINCES FÉLONS[10]

Saint-Simon a consacré des centaines de pages au rang pris par certains seigneurs français de prince étranger à la cour de France, d'autant plus insolite que les dignités étrangères ne figuraient pas dans la hiérarchie nationale, tant dans ses *Mémoires* que dans des textes divers, du *Mémoire sur les maisons de Lorraine, de Rohan et de La Tour*, écrit en juillet 1710, jusqu'à ces *Matériaux pour servir, juin 1753, à un mémoire sur les qualités prises par M. de Soubise de prince et d'altesse sérénissime*, jetés sur le papier deux ans avant sa mort. Ses griefs à l'endroit de cette « chimère de princerie » (VIII, 612) sont en partie analogues à ceux qu'il formule contre les magistrats, et sont au premier chef ontologiques, car on ne peut changer d'être et nul ne peut devenir prince étranger s'il n'est né tel. « Il n'est pas donné à l'homme ce qui n'appartient qu'à Dieu. Quelque puissants, quelques absolus que puissent être les monarques, ils ne peuvent faire que ce qui est ne soit pas, ni que ce qui n'est pas soit. Ils peuvent assimiler, élever, donner des rangs, des distinctions ; mais leur pouvoir ne va pas jusqu'à faire qu'un homme soit ce qu'il n'est pas. [...] Ainsi les rois, qui ont peu à peu laissé usurper, pendant la Ligue, le rang et les distinctions connues, et jusqu'alors inconnues, sous le nom de prince étranger, n'ont pu faire que les maisons de pure noblesse française qui

10 Certaines des pages qui suivent ont fait l'objet d'une première rédaction dans F. Charbonneau, « "Un si prodigieux amas de bienfaits tourné en poison" : félonie et démesure dans les Mémoires de Saint-Simon », vol. XLV, n°2, 2009, p. 99-111.

les ont obtenues devinssent princes étrangers[11] ». Ses griefs sont aussi éthiques, car en sortant de leur rang quelques familles de seigneurs français, la *princerie* agit comme un principe de désordre et favorise l'orgueil, l'ambition et l'esprit de révolte ; et ils sont juridiques, car ces soi-disant princes usurpent des privilèges en cherchant à primer sur les autres ducs. Enfin, ils sont logiques, car le rang de prince étranger en France, c'est-à-dire au fond de souverain régnicole, est une absurdité : on ne peut être à la fois sujet du Roi et indépendant de lui en son royaume. À ce rang impossible et scandaleux prétendaient pourtant les différents membres de la famille de Lorraine, effectivement régnante mais hors de France et dont le chef prêtait hommage au Roi comme duc de Bar, ainsi que des familles de La Tour et de Rohan, qui possédaient au mieux de simples francs-alleux, comme la vicomté de Turenne. À lui seul, le titre de prince étranger incarne cette démangeaison de parvenir plus haut – *Quo non ascendet* –, fût-ce par l'intrigue et la manœuvre, que le mémorialiste condamne avec violence chez ses contemporains.

Ainsi du cardinal de Bouillon, troisième fils de Frédéric Maurice de La Tour d'Auvergne, duc de Bouillon et prince de Sedan, il a écrit qu'il « ne pouvait tenir dans sa peau » (VIII, 245) et « croyait reculer quand il n'avançait pas » (V, 175). Chez ce cadet de famille princière voué à l'Église, et qui, faute peut-être de pouvoir la transmettre à sa descendance, a fait éclore les « félonies héréditaires de ses pères » (I, 679) en une fleur monstrueuse, le prurit, monté à la tête, l'a fait entièrement tourner. D'abord titré duc d'Albret, protégé par son oncle le grand Turenne, il reçut l'abbaye de Tournus, fut élevé au cardinalat à vingt-six ans, puis à la charge de grand aumônier de France, qui emportait avec elle celle de commandeur de l'Ordre du Saint-Esprit. On lui donna les riches abbayes de Cluny, de Saint-Ouen de Rouen, de Saint-Waast d'Arras, de Saint-Martin de Pontoise et de Vicoigne ; il fut encore chanoine de Strasbourg et grand prévôt de Liège. Rapidement parvenu au comble de la faveur, « il ne put être surpassé en orgueil que par Lucifer » (V, 180) ; il ne cessa d'entreprendre contre chacun, et contre le Roi même. Ambassadeur à Rome, et ayant obtenu pour son neveu l'abbé d'Auvergne la coadjutorerie de Cluny, il tenta de le faire cardinal en manipulant à la fois le Pape

11 Saint-Simon, *Mémoire sur les qualités prises par M. de Soubise*, dans *Traités politiques et autres écrits*, éd. Y. Coirault, Paris, 1996, p. 1335.

et le Roi, puis de le faire nommer coadjuteur de Strasbourg contre la volonté de Louis XIV. Celui-ci lui envoya un ordre de se rendre sans délai à Cluny ou à Tournus, mais le cardinal temporisa afin d'être à Rome pour recueillir le décanat du sacré collège, qui allait vaquer, puis refusa d'obéir au monarque lorsqu'il lui fit commander de démissionner de sa charge de grand aumônier. Un arrêt du Conseil ordonna la saisie de tous ses biens laïques et ecclésiastiques, et les provisions de sa charge furent données à l'évêque d'Orléans. Saint-Simon fait la chronique de cette escalade, du « coup de foudre » initial se répercutant en un « fracas épouvantable » (I, 713), puis des répliques en cascade jusqu'à ce qu'« à la fin la bombe crev[ât] » (I, 729), en profitant pour réfléchir à l'étrange « manie » d'avoir des cardinaux français, qui échappent par l'immunité de la pourpre au pouvoir de leur Roi et de sa justice.

Tout ceci n'est pourtant que le prélude à deux salves de tirs nourris contre le Cardinal, où Saint-Simon se montre passionné de critique. La première concerne l'affaire dite du cartulaire de Brioude. En 1695, cherchant à accréditer l'idée que sa maison descendait en ligne masculine des anciens comtes d'Auvergne, le cardinal de Bouillon avait fait examiner par divers savants de vieilles chartes provenant du chapitre de l'église de Brioude qui confirmaient ses prétentions. Il les confia entre autres au fameux Étienne Baluze, professeur de droit canon au Collège royal, qui avait été bibliothécaire de Colbert et « s'était fait un grand nom en ce genre [...]. Son fort était de démêler l'antiquité historique et généalogique, et ses découvertes et sa critique étaient estimées » (II, 847-848) ; il les remit aussi à d'autres savants. Tous confirmèrent l'authenticité des titres qui leur avaient été soumis, « et le P. Mabillon, ce bénédictin si connu dans toute l'Europe par sa science et par sa candeur, laissa entraîner son opinion par les autres » (II, 849). Il s'agissait pourtant de faux, commis par un proche du cardinal, le généalogiste Jean-Pierre de Bar, qui, condamné par la Chambre de l'Arsenal en 1704, finira ses jours à la Bastille. Baluze, qui publiera en 1708 une *Histoire généalogique de la maison d'Auvergne* entièrement convergeante avec le faux cartulaire, en verra le privilège révoqué par arrêt du Conseil, et lui-même destitué de sa chaire et exilé. Au yeux de Saint-Simon, cette affaire déshonore Baluze, non parce qu'elle aurait prouvé son incompétence et la vanité de la diplomatique, mais au contraire parce que, véritablement compétent, il se serait laissé corrompre ; et l'importance de cet épisode, sur lequel il revient à trois reprises, vient précisément de ce qu'il ne met pas en jeu de simples mensonges, mais la fabrication d'un faux historique ayant valeur de preuve.

On peut rapprocher ce passage de celui où le jeune Saint-Simon fait rectifier un faux document sous la double espèce d'un registre et d'une tapisserie. Celle-ci, tendue dans la chambre de Madame à Meudon, représente l'audience du légat Chigi venu en 1664 donner satisfaction au Roi de la part d'Alexandre VII sur l'affaire de la garde corse. Exceptionnellement, il avait été décidé que nul n'y serait couvert que le légat seul. Deux princes étrangers, les comtes de Soissons et d'Harcourt, ayant été nommés pour le mener devant le Roi, ils durent le faire tête nue, malgré leurs protestations. Or une trentaine d'années plus tard, Saint-Simon, venu faire sa cour au Roi au château de Meudon, « découvri[t] par le plus grand hasard du monde » une « insigne friponnerie » (I, 450) du maître des cérémonies, Sainctot, qui avait laissé représenter, contre toute vérité, les deux princes couverts sur la tapisserie célébrant l'audience. « Je me récriai sur cette faute : Chamlay, assis auprès de moi, répondit que MM. de Savoie et de Lorraine étaient couverts aux audiences. J'en convins ; mais je lui appris la différence de celle-ci. Je sentis ou la ruse des princes de s'être dédommagés pour l'avenir par une tapisserie subsistante, ou la sottise de ceux qui l'avaient faite » (I, 451). L'audience ayant eu lieu plus de dix ans avant sa naissance, Saint-Simon en parla à ses compairs les ducs de Chaulnes, de Chevreuse et de Coislin, qui s'y étaient trouvés et qui allèrent voir Sainctot. « Il montra le registre, mais il se trouva qu'il ne portait pas un mot qu'il y eût quelqu'un de couvert ou non : d'où il résultait que les deux comtes l'avaient été, puisque, l'étant toujours, la différence de ne l'être pas cette fois-là valait bien la peine d'être exprimée. Ces Messieurs ne purent s'empêcher de montrer à Sainctot qu'ils sentaient vivement son infidélité. Lui, aux excuses de la négligence, et bien honteux. Il écrivit à la marge tout ce que ces Messieurs lui dictèrent sur la tapisserie, et le signa ; mais cela fit que ces Messieurs ne s'en contentèrent pas, et qu'ils se firent donner chacun un certificat par Sainctot, et de la vérité du fait, et du mensonge de la tapisserie, et du silence du registre, et de ce qui y avait été mis en marge » (I, 452). Comme pour le cartulaire de Brioude, l'importance du mensonge ici découvert – par commission pour la tapisserie, par omission pour le registre – vient de ce qu'il est falsification de documents officiels, ceux-là même que la critique, séparant avec acribie le vrai du faux, a pour mission de rectifier : par annotation marginale, par délivrance de certificat, par le récit des *Mémoires*, par la poursuite inlassable des coupables, en une incarnation de la justice inflexible, celle des Érinyes. « *[C]ela vous est bien aisé à dire à vous qui êtes immuable comme Dieu, et qui êtes d'une suite enragée* » (VI, 587), lui lancera un jour le Régent. Saint-Simon-Alecto : à lui seul, une chambre ardente.

La seconde pièce sur laquelle s'exerce la critique saint-simonienne est la « Lettre folle du cardinal de Bouillon au Roi » (III, 956), datée d'Arras, le 22 mai 1710. Il ne s'agit pas d'un faux au sens où l'était le cartulaire de Brioude, néanmoins l'esprit de fausseté y éclate à l'envi. Le Cardinal, contraint de revenir en France, exilé dans ses abbayes, avait traîné presque dix ans de l'une à l'autre sa rage et son agitation. Enfin, n'y tenant plus, il résolut, en pleine guerre de Succession d'Espagne et à la faveur de ses grandes alliances étrangères, de passer à l'ennemi comme en triomphe. Il avait laissé pour le Roi une lettre que le mémorialiste, après l'avoir citée *in extenso*, analyse minutieusement, dans un esprit d'érudition philologique et juridique, reprenant méthodiquement ses termes, les expliquant – car le « style est extravagant, qui, à force d'entasser tout ce dont ce cœur et cette tête regorgeait, rend cette lettre à peine intelligible » (III, 955-956) –, puis les rectifiant, et transformant de ce fait ses *Mémoires* en une sorte de marge où consigner la glose réformatrice. Les choses ne pouvant être que ce qu'elles sont, cette critique porte avant tout sur les mots, qui s'écartent des faits et les déforment, sur la « bouffissure » (III, 960) que l'orgueil délirant fait subir au verbe, et à la syntaxe : « Premièrement, il faut avoir bonne haleine et bonne mémoire pour aller jusqu'au bout de la première phrase, et travailler pour démêler les continuels entrelacements de ses parenthèses, et de son sens si suspendu. Dans cette phrase, autant de faux et de vent que d'insolence » (III, 957). Sur la « démission volontaire » de sa « charge de grand aumônier de France, et de [s]a dignité de l'un des neuf prélats commandeurs de l'ordre du Saint-Esprit » (III, 956), Saint-Simon remarque d'abord qu'« [e]nvoyer, après dix ans de cette conduite [de désobéissance], sa démission, et s'évadant du Royaume, cela peut-il s'appeler une *démission* volontaire ? N'est-ce point plutôt une *dérision* [?] » (III, 958 ; nos italiques), en donnant à sa correction la forme railleuse d'une paronomase ; puis il poursuit :

> [l]'enflure des dignités dont il se démet n'est digne que de risée : personne n'ignore qu'à l'institution de l'Ordre, Henri III voulant favoriser Jacques Amyot, son précepteur, et du feu Roi son frère, qui avoit été récompensé de l'évêché d'Auxerre et de la charge de grand aumônier de France, celle de grand ou de seul aumônier de l'Ordre fut attachée pour toujours à celle de grand aumônier de France, et sans faire aucunes preuves, parce qu'Amyot n'en pouvoit faire ; que, par conséquent, toujours depuis, être grand aumônier et porter l'Ordre est une seule et même chose, sans rien de séparé ni de distinct ; et qu'ainsi le grand aumônier [...] n'est point autre chose qu'un officier de l'Ordre, n'en fait point le neuvième prélat, qui, tous huit, font preuves et sont partagés par moitié en cardinaux et en évêques. C'est donc un pathos très puéril que fait ici le cardinal de Bouillon [...][12].

Ce dégraissage impitoyable, cette réduction de ce que le Cardinal avait « sépar[é] pour amplifier vainement » (III, 961), n'épargne pas bien sûr sa naissance : « il reprend, écrit-il au Roi, la liberté que lui donne sa naissance de prince étranger, fils de souverain, ne dépendant que de Dieu et de sa dignité de cardinal, etc. : c'est-à-dire que c'est un manifeste[13] adressé au Roi sous la forme d'une lettre, par lequel il lui dénonce son indépendance prétendue, et sa très parfaite ingratitude ; il attente à la majesté de son souverain en abdiquant sa qualité innée de sujet, et en court ainsi le crime de lèse-majesté en plein » (III, 961). Puis reprenant un exposé antérieur sur la nature des fiefs de Bouillon et Sedan, et « la mouvance de ces fiefs de Liège et de l'abbaye de Mouzon » (III, 961), il conclut contradictoirement que « jamais son grand-père ni son père ne furent souverains ni princes ; conséquemment, qu'il n'est ni prince étranger ni fils de souverain, et qu'il ment à son roi avec la dernière impudence. Il n'a donc point de liberté de rien reprendre à ce titre par la démission de sa charge, et il demeure tel qu'il était auparavant, c'est-à-dire gentilhomme français de la province d'Auvergne, du nom de La Tour, [...] par conséquent sujet du Roi comme tous les autres gentilshommes de cette province, laquelle appartient à la couronne » (III, 961). Le sarcasme qui éclate dans cette ultime précision rend piquante une dégradation en forme de raisonnement, par laquelle tous ses titres postiches lui sont arrachés, jusqu'à montrer le tuf au-dessous, et son « grand galimatias » (III, 965) traduit, réduit à la nue évidence du « vide et [du] dérangement de sa tête » (III, 964).

12 GEF, XX, 19-20 ; Pléiade, III, 959.

13 « Déclaration publique par laquelle un prince [...] explique les raisons de sa conduite à l'égard d'un autre prince » (Littré, s.v.).

Ainsi le mémorialiste, armé de la critique comme d'un scalpel, fend la monstrueuse baudruche et la crève ; d'autres goûteront à cette médecine, Dangeau ou Villeroi, « dont la fatuité suprême faisait tout le fonds [...], force vent et parfait vide » (V, 276-277). Saint-Simon écrit ailleurs de lui qu'il « pompait l'air de partout où il était, et qu'il en faisait une machine pneumatique[14] » (II, 289). Le Maréchal, vide lui-même, communique ce vide à ce qui l'entoure, en une expansion négative par laquelle il chasse l'air d'un lieu pour s'en gonfler ; mais sous la surface brillante de son ballon, il n'y a rien. Saint-Simon, parmi ces membranes sonores et fragiles comme le sac vocal d'une grenouille, promène sa terrible pointe et les fait exploser.

LA TITANOMACHIE

Le scandale du bonnet et celui des princes étrangers ne sont toutefois rien au prix du rang obtenu par les bâtards de Louis XIV, une abomination devant Dieu et les hommes. Aux yeux de Saint-Simon, ces enfants du péché, et davantage encore les doubles adultérins, constants rappels de la faiblesse et de la honte de leurs parents, appartiennent au néant social – à l'inverse des gentilshommes, qui ont droit au maximum d'être par la grâce d'une naissance glorieuse. Dans un royaume où prévaut le droit divin, la légitimité morale est toujours politique, elle est garante de l'ordre et doit en retour être garantie par le prince. Louis XIV, qui a multiplié les enfants naturels, a donc manqué non seulement à son devoir de chrétien, mais à ses obligations de roi. De ses six enfants légitimes, l'aîné seul, comme on le sait, héritier nécessaire de la couronne, parvint à l'âge adulte ; alors que de ses seize ou dix-sept enfants naturels, sept survécurent jusqu'à l'âge nubile, dont six furent légitimés et quatre mariés dans les branches cadettes de la maison royale. Parmi eux, l'aînée, fille de la duchesse de La Vallière, eut sa mère nommée dans l'acte de légitimation ; au contraire, les enfants de la marquise de

14 Le physicien Denis Papin passe pour l'inventeur de la machine penumatique, ou pompe à air, décrite dans ses *Nouvelles expériences du vuide, avec la description des machines qui servent à les faire*, Paris, Cusson, 1674.

Montespan furent réputés descendre du roi seul, celle-ci étant mariée. S'ensuit un camaïeu dans les tons gris de l'indignité, la bâtardise pouvant être simple ou double, obscure ou reconnue, alliée ou non, avec ou sans descendance. Plus la lumière est vive, plus vive est la réprobation. Or le Roi n'a jamais cherché à la tamiser, il a constamment distingué les bâtards, lors même qu'ils n'étaient pas de son cru. Ainsi le duc de Vendôme, *bâtardeau* d'Henri IV et neveu de Louis XIV à la mode de Bretagne, « sut tirer avantage jusque de ses plus grands vices à l'abri du faible du Roi pour sa naissance » (II, 693) ; et le duc de Berwick, arrivé d'Angleterre « en l'âge d'or des bâtards » (III, 936), fut fait lieutenant général à vingt-deux ans et maréchal de France à trente-cinq. « C'était bien et rapidement pousser la fortune sous un roi qui regardait les gens de cet âge comme des enfants, mais qui, pour les bâtards, ne leur trouvait non plus d'âge qu'aux dieux » (III, 937). Il n'ignorait pourtant pas leur « profond non-être » (IV, 805), mais il faisait en élevant les siens l'épreuve démiurgique de sa puissance. « De ce néant, ce qu'il fit par degrés pour les conduire possiblement au trône est si prodigieux, que ce tout ensemble mérite d'être exposé ici sous un même coup d'œil tout à la fois » (IV, 805), annonce Saint-Simon avant d'énumérer ces degrés, cinquante-sept antérieurs au testament, « en simple usage par adresse, ou à force ouverte, ou en loi par des brevets, des déclarations, des édits enregistrés » (V, 591). La faiblesse du Roi pour ses bâtards, qui est la faiblesse même de la chair, persiste cachée sous la force qui renverse en leur faveur les lois du royaume « les plus anciennes, les plus saintes, les plus fondamentales, les plus intactes » (V, 592), et qui barbouille comme à plaisir les frontières du crime et du droit. « Ce mélange du plus pur sang de nos rois, et il se peut dire hardiment de tout l'univers, avec la boue infecte du double adultère, a donc été le constant ouvrage de toute la vie du Roi » (V, 593).

L'antithèse et l'image de la bourbe coulant dans les veines des bâtards, ou leurs équivalents, devaient révolter aussi l'esprit de Madame. En effet, le premier événement de cour que relate le mémorialiste, inaugural, mais également augural puisqu'il annonce le thème obsédant de la confusion des rangs, est le mariage du duc de Chartres, petit-fils de France, avec Mademoiselle de Blois, fille de Mme de Montespan et du Roi, qui le désirait avec passion. Monsieur avait été gagné à cette mésalliance par son favori, le duc de Chartres par son précepteur, Madame par quiconque.

Convoquée par le Roi, « [e]lle lança deux regards furieux à Monsieur et à M. de Chartres, dit que, puisqu'ils le voulaient bien, elle n'avait rien à y dire, fit une courte révérence et s'en alla chez elle » (I, 36). Plus tard, à l'heure de l'*appartement*, « Madame se promenait dans la galerie avec Châteautiers, sa favorite et digne de l'être ; elle marchait à grands pas son mouchoir à la main, pleurant sans contrainte, parlant assez haut, gesticulant, et représentant fort bien Cérès après l'enlèvement de sa fille Proserpine la cherchant en fureur et la redemendant à Jupiter » (I, 37) ; puis, au souper du Roi, après avoir refusé « d'un air de brusquerie » tous les plats que celui-ci lui offrait, elle lui fit « une pirouette si juste, que le Roi en se relevant [de sa révérence] ne trouva plus que son dos, et avancée d'un pas vers la porte » (I, 38). Enfin, ménageant les gradations, Saint-Simon raconte une scène survenue le lendemain. La cour attendait la levée du Conseil dans la galerie. « Madame y vint. Monsieur son fils s'approcha d'elle comme il faisait tous les jours pour lui baiser la main ; en ce moment, Madame lui appliqua un soufflet si sonore qu'il fut entendu de quelques pas, et qui, en présence de toute la cour, couvrit de confusion ce pauvre prince, et combla les infinis spectateurs, dont j'étais, d'un prodigieux étonnement » (I, 38). De la fureur muette aux lamentations et de la rebuffade au soufflet, ces pages donnent à lire une gamme de réactions de plus en plus ouvertes et publiques à l'affront du mariage, que Saint-Simon comprend malgré son étonnement et qu'il relate avec sympathie. Un humour caractéristique affleure dans la comparaison de Madame et de Cérès, dans celle, corollaire, de Philippe d'Orléans avec Proserpine et plus encore dans celle, implicite, de Mademoiselle de Blois avec Pluton, dieu des Enfers – elle dont l'orgueil était tel que Philippe l'appelait Madame Lucifer ; quant à la scène de la pirouette, elle est franchement comique, mais elle est aussi d'une brusquerie qui annonce la gifle, avec l'ellipse de Madame si forte, si rapide et si heurtée qu'elle semble figurer dans la phrase l'escamotage de la princesse outragée. Il faut rapprocher cette mésalliance d'une autre pour bien mesurer en celle-ci le coefficient de la bâtardise : quelques pages plus loin, à l'occasion de la mort de Mademoiselle de Montpensier, le mémorialiste rappelle « sa faiblesse pour M. de Lauzun, la folie de celui-ci de ne l'avoir pas épousée dès qu'il en eut la permission du Roi, pour le faire avec plus de faste et d'éclat. Leur désespoir de la rétractation fut extrême [...]. Monsieur, poussé par Monsieur le Prince, avait pressé le Roi de se rétracter ; mais

Mme de Montespan et M. de Louvois y eurent encore plus de part, et furent ceux sur qui tomba toute la fureur de Mademoiselle et la rage du favori » (I, 53). Quelque disproportionnée que fût l'union projetée par la Grande Mademoiselle avec un simple cadet de Gascogne, le mémorialiste ne la juge ni scandaleuse ni infamante, il condamne au contraire son beau-frère de l'avoir retardée et manquée par vanité ; enfin, ce n'est pas la mésalliance qui fait l'outrage – le désespoir, la rage, la fureur –, mais le refus du Roi, qui voulait se saisir des biens immenses de la princesse – Eu, Aumale, Dombes – pour les donner au duc du Maine, son bâtard.

L'image des degrés par lesquels les bâtards se sont hissés jusqu'à pouvoir succéder au trône conduit le mémorialiste à une autre qu'il emprunte à la mythologie : celle de la titanomachie. « Pour peu qu'on examine ce groupe immense qui, du profond non-être des doubles adultérins, les porte à la couronne, on sera moins frappé de l'imagination des poètes qui ont fait entasser des montagnes les unes sur les autres, à force de bras, par les Titans pour escalader les cieux. En même temps, l'exemple que ces poètes offrent d'un Encelade et d'un Briarée se présente aussi bien naturellement à l'esprit, comme le los[15] le plus juste de pareilles entreprises » (IV, 816). Saint-Simon évoque indifféremment Titans et Géants pour parler des bâtards, et particulièrement Encelade, le chef des révoltés, dont Le Nôtre avait fait le thème d'un bosquet de Versailles. Dans des termes presque identiques, il appelle de ses vœux « la dissipation et la fonte de ces montagnes entassées l'une sur l'autre, par degrés infinis, sur notre dignité par ces géants de bâtards, ces Titans de la France » (VII, 217) ; il note que leur « apothéose » (V, 345) faisait craindre « le renversement des familles et la tentation de devenir mères de semblables géants » (V, 347) ; il exècre le duc de Vendôme, « élevé à force de machines et entassant les montagnes comme les géants, appuyé du vice, du mensonge, de l'audace, d'une cabale ennemie de l'État et de ses héritiers » (III, 322), mais bientôt « péri dans son entreprise des Titans » (III, 521), comme Encelade tombé du ciel et enseveli sous l'Etna ; surtout l'image est appliquée au duc du Maine, « ce Titan de nos jours » (V, 335) qui avait accumulé les grandeurs « pour escalader les cieux » (V, 797) et qui vivait pour elles en « transes mortelles », passant « des terreurs du sort d'Encelade à la ferme espérance de celui

15 « Vieux mot qui signifie louange » (Littré) et que Saint-Simon emploie au sens voisin de récompense.

de Phaéton » (IV, 449). En faisant condamner quelques années plus tard les princes légitimés à la dégradation par le Régent, Saint-Simon, sans être un immortel, c'est-à-dire un prince du sang, jouera à ses propres yeux le rôle d'Athéna conseillant les Olympiens, divinité de la guerre et de la stratégie. Car le péril du « titanisme », ce mot dont Saint-Simon explique qu'il l'a forgé pour exprimer « des choses si monstrueusement nouvelles » (V, 354), n'est rien de moins que le renversement de l'État. Il en fournit une preuve avec la conférence de Sceaux, tenue à l'instigation du duc du Maine dans la vue secrète de brouiller sans retour les pairs et le Parlement sous couvert d'accommoder l'affaire du bonnet, d'empêcher leur éventuelle alliance et d'en tirer sécurité pour ses « grandeurs ». Les ducs d'Aumont et de La Force y furent reçus par la duchesse du Maine, qui leur tint des propos que Saint-Simon rapporte « mot à mot » (V, 131) :

> Là, Mme du Maine, après tous les jargons de préface, leur dit nettement que, puisque c'étoit M. du Maine qui les avoit engagés dans cette affaire [...], il étoit raisonnable que M. du Maine mît le tout pour le tout pour les en bien sortir ; mais qu'aussi étoit-il juste qu'il fût assuré d'eux qu'il n'obligeroit pas des ingrats, et qu'ils entrassent avec lui en des engagements sur lesquels il pût compter [...] et à former un attachement (quelle expression !) dont il se pût assurer [...]. Elle leur dit donc qu'après toutes les grâces dont le Roi venait de combler M. du Maine, et particulièrement celle de l'habileté à succéder à la couronne, [...] il n'étoit pas assez peu considéré pour ne pas voir que cette disposition, et d'autres qui avoient précédé celle-là, pouvoient, non pas être contestées après le Roi (elle ne disoit pas ce qu'elle en pensoit), [...] mais donner occasion d'aboyer (quel terme !), de crier, d'exciter les princes du sang, jeunes et sans expérience, [...] donner envie aux pairs de se joindre à eux contre M. du Maine, enfin de les tracasser [...][16].

Elle leur demanda donc une assurance écrite qu'ils soutiendraient après la mort de Louis XIV les privilèges des légitimés ; La Force se retrancha derrière la loi, rappelant que c'était un crime que de prétendre confirmer des dispositions prises par le Roi régnant. À bout de réplique, elle leur dit que ce serait donc à M. du Maine et à elle à savoir se garantir, « et qu'elle voulait bien leur dire (et ceci est étrangement remarquable, d'autant plus qu'elle n'a rien oublié, ni M. du Maine, pour le bien effectuer depuis, comme on le verra bien en son lieu), qu'elle voulait bien leur dire [*sic*] que, quand on avait une fois acquis l'habileté de succéder

16 GEF, XXVI, 45-46 ; Pléiade, V, 126-127.

à la couronne, il fallait, plutôt que de se la laisser arracher, mettre le feu au milieu et aux quatre coins du Royaume » (V, 130). L'entretien se clôt sur ce hoquet de rage – de la duchesse, ou du mémorialiste trébuchant sur ces énormes paroles – et sur la folle menace de « culbuter l'État » (V, 131). Ainsi – comme l'écrirait le duc dans une de ses phrases à la syntaxe syncopée, asyndétique – violence de la duchesse du Maine, violence de Saint-Simon, *putsch* d'une part, déchéance de l'autre, et conflits de tous côtés. Quoiqu'il dise supprimer tout commentaire du récit de la conférence, le mémorialiste fait entendre sa voix discordante dans les parenthèses et annonce à demi-mot la conspiration de Cellamare. L'activité du critique, que nous avons déjà vu à l'œuvre, s'attache ici aux termes et aux expressions qui trahissent le *titanisme* ; mais en même temps qu'une annotation indignée, ces apartés font penser aux didascalies d'une pièce tragique, un huis clos politique à trois personnages, dressant l'un face à l'autre le camp des ducs et celui des bâtards, tous deux prêts au combat. Il y aura du reste bien des escarmouches, comme au lendemain de la mort du Roi, quand le Régent fera casser le testament qui le destituait de tout pouvoir réel au profit du duc du Maine, ou arrêter au Conseil de régence la perte de l'habilité à succéder au trône, avant la lutte à mort des journées décisives, qui n'auront lieu que trois ans plus tard avec l'embuscade du lit de justice, suivie de la conjuration ourdie comme une réplique par les stratèges de Sceaux.

Saint-Simon présente au duc d'Orléans le lit de justice dans un moment critique comme le moyen de reprendre l'autorité d'une régence que les menées du Parlement et des bâtards menaçaient de lui ôter, et lui propose de le tenir aux Tuileries pour éviter d'avoir à en aviser quiconque que le jour même. Le Régent, pour une fois « résolu à frapper un grand coup » (VII, 128), donna contre toute attente son approbation. Saint-Simon apparaît dans cet épisode célèbre et célébré comme le concepteur d'un piège, une machine contondante, dressée dans le plus grand secret et destinée à abattre ses adversaires, qui sont en même temps ceux de l'État, à *culbuter* les Titans sous leurs rocs entassés. « [J]e voulais précipiter les coups, tant sur le général que sur les particuliers. Après avoir bien discuté tous les inconvénients et leurs remèdes, nous vînmes à la mécanique. Je la lui expliquai telle que je l'imaginais, et je me chargeai, à la prière du Régent, de la machine matérielle du lit de justice, par Fontanieu, garde-meuble de la couronne, à l'insu de tout le monde » (VII, 130). Celui-ci n'en ayant jamais vu, Saint-Simon lui en dessinera le plan – comme il fera plus tard pour le lecteur (VII, 255) – ; il ira jusqu'à transformer sa propre « chambre en lit de justice avec des nappes » (VII, 152) : une scénographie fantômatique dans un décor de chiffons. Car c'est bien de théâtre qu'il s'agit et d'une œuvre de haute politique, écrite et mise en scène par le Régent, M. le Duc et Saint-Simon, dans une solitude de conjurés. C'est ainsi qu'au matin du grand jour, le duc de Noailles enrageait « de se voir au parterre [...], car il ne savait chose quelconque » (VII, 224), comme la plupart des autres membres du Conseil. Le recours au vocabulaire mécaniste, fréquent chez Saint-Simon comme chez plusieurs de ses contemporains, et qui lui venait peut-être autant de ses fréquentations malebranchiennes que de l'air du temps, trouve un emploi naturel dans cette dramaturgie du lit de justice, crise ou nœud d'une pièce dont les personnages vont intriguant sans savoir quel dénouement les attend au palais machiné. Car en ce piège, l'essentiel tient à la surprise : « tous en perdaient terre » (VII, 233) et tombaient à la renverse ; face à eux Saint-Simon, *hypocrite* et masqué, observe passionnément l'effet du « coup de foudre » (VII, 242) porté au Conseil sur la cabale par l'annonce de la réduction des bâtards à leur rang de pairie et de ses suites. Indéchiffrable, sibyllin, il avait « mis sur son visage une couche de plus de gravité et de modestie [...], attentif à dévorer l'air de tous, présent à tout et à moi-même, immobile, collé sur mon siège, compassé de tout mon corps, pénétré de tout ce que la joie peut imprimer de plus sensible et de plus vif, du trouble le plus charmant, d'une jouissance la plus démesurée et la plus persévéramment souhaitée, je suais d'angoisse de la captivité de mon transport, et cette angoisse même était d'une volupté que je n'ai jamais ressentie ni devant ni depuis ce beau jour » (VII, 238). Par la grâce d'un regard synesthésique – voyant, dévorant comme une bouche, jouissant, tactile comme une muqueuse –, une onde de choc se communique du corps des ennemis abattus au corps vainqueur de Saint-Simon, verrouillé, tétanisé, traversé d'un spasme invisible. Ce n'est pourtant que le premier acte de la pièce, le premier enclanchement de la machine ; sitôt après, le Parlement s'étant rendu en robes rouges aux Tuileries, le piège se referme, le « spectacle » (VII, 253, 257, 258) du lit de justice va commencer. C'est celui d'une double flétrissure appliquée aux bâtards et aux présidents, les uns et les autres se voyant dégradés, réduits à leur état naturel par la déclaration du Garde des sceaux : « ces magistrats si altiers, dont les remontrances superbes ne satisfaisaient pas encore l'orgueil et l'ambition, frappés d'un châtiment si fort et si public, se virent ramenés au vrai de leur état avec cette ignominie [...]. Ce fut là où je savourai, avec tous les délices qu'on ne peut exprimer, le spectacle de ces fiers légistes qui osent nous refuser le salut, prosternés à genoux, et rendre à nos pieds un hommage au trône, tandis qu'assis et couverts, sur les hauts sièges, aux côtés du même trône, ces situations et ces postures, si grandement disproportionnées, plaident seules avec tout le perçant de l'évidence la cause de ceux qui véritablement et d'effet sont *laterales Regis*, contre ce *vas electum* du tiers état » (VII, 261-262). Ce nouveau « coup de foudre qui atterra présidents et conseillers » est un triomphe pour Saint-Simon, mais un « triomphe ordinaire » (VII, 262) au prix du second qui va suivre et qui abattait les bâtards. La page est un chef-d'œuvre, qui porte à l'infini, jusqu'au seuil de la syncope ou de l'extase, comme l'écrivait naguère brillamment Robert Favre[17], les passions ressenties dans la scène du Conseil. Le Premier président, entièrement au duc du Maine, « perdit toute contenance » :

> son visage, si suffisant et si audacieux, fut saisi d'un mouvement convulsif; l'excès seul de sa rage le préserva de l'évanouissement. Ce fut bien pis à la lecture de la déclaration. Chaque mot étoit législatif et portoit une chute nouvelle. [...] Vers le tiers de cette lecture, le premier président, grinçant le peu de dents qui lui restoient, se laissa tomber le front sur son bâton, qu'il tenoit à deux mains, et, en cette singulière posture et si marquée, acheva d'entendre cette lecture si accablante pour lui, si résurrective pour nous. Moi cependant je me mourois de joie ; j'en étois à craindre la défaillance ; mon cœur, dilaté à l'excès, ne trouvoit plus d'espace à s'étendre. La violence que je me faisois pour ne rien laisser échapper étoit infinie, et néanmoins ce tourment étoit délicieux [...]. Je triomphois, je me vengeois, je nageois dans ma vengeance ; je jouissois du plein accomplissement des désirs les plus véhéments et les plus continus de toute ma vie. J'étois tenté de ne me plus soucier de rien. Toutefois je ne laissois pas d'entendre cette vivifiante lecture, dont tous les mots résonnoient sur mon cœur comme l'archet sur un instrument, et d'examiner en même temps les impressions différentes qu'elle faisoit sur chacun[18].

Ils sont l'un face à l'autre, Saint-Simon et le Premier président, le machiniste et sa victime, et à travers celle-ci le duc du Maine ; mais

17 R. Favre, « Le Duc de Saint-Simon en extase », *Cahiers Saint-Simon*, n°11, 1983, p. 43-46.
18 GEF, XXXV, 228-230 ; Pléiade, VII, 263.

aussi bien le juge face au criminel, et par un étourdissant vertige un criminel-juge et un juge devenu bourreau, frappant les coupables emboîtés et leur infligeant une peine afflictive et infamante, et subissant l'un comme l'autre les chocs successifs et rythmés de la double sentence comme des coups de timbale, en une « cadence » (VII, 208) musicale, qui provoque en eux des passions symétriques, primitives, également insoutenables : la rage et la joie, portées à ce degré de violence, provoquent le suspens des pâmoisons, mais par des mouvements opposés, contraction systolique pour l'une, expansion diastolique pour l'autre, qui secouent l'auguste séance d'un battement sourd et primordial. La vengeance de Saint-Simon est complète. « Je comparais les années et les temps de servitude, les jours funestes où, traîné au Parlement en victime, j'y avais servi de triomphe aux bâtards à plusieurs fois ; les degrés divers par lesquels ils étaient montés à ce comble sur nos têtes, je les comparais, dis-je, à ce jour de justice et de règle, à cette chute épouvantable qui de même coup nous relevait par la force du ressort » (VII, 263-264). Machine judiciaire ou engin de guerre, le lit de justice se sublime sous la plume du mémorialiste en jour du jugement, apocalypse et parousie, où l'ordre est rétabli, enfin.

Il est aisé de donner tort au duc en le mettant face aux aléas de l'histoire, qui verra les princes légitimés recouvrer leur rang et quasi tous leurs privilèges moins de cinq ans plus tard. « Merveilles d'une stratégie littéraire faisant de l'"instant-or" un instant-phénix, à jamais délectable ! », écrivait Yves Coirault dans une note (VII, 268, n. 3). Le point de vue adopté par le mémorialiste, maître de ses moyens, exprime-t-il son déni des événements ultérieurs ? L'« égophanie » (VII, 264, n. 3) aurait-elle ébloui le regard surplombant de l'historien, le tenant captif d'une illusion rétrospective ? Ne serait-ce pas plutôt que pour Saint-Simon, « antipode si déclaré de la bâtardise » (VII, 749) et esprit résolument idéaliste en dépit de son long usage du politique, le durable succès d'une action ne détermine pas sa valeur ? Les faits ne peuvent donner tort aux principes, qui sont la nature même des choses. En son récit du lit de justice, le point de vue qu'il adopte est en quelque sorte providentiel, exultant de la coïncidence momentanée peut-être, mais éternelle en son dessein sous-jacent, des essences et des espèces ; tout le reste est « néant du monde » (I, 15).

FUREUR DES ÉLÉMENTS

La foudre, dont nous venons de voir les effets, tombe huit fois plus souvent dans le paysage moral des *Mémoires* que dans la nature, et même les déflagrations venues du ciel se répercutent intérieurement, comme chez Mme de Saint-Hérem, dont elles révèlent à la fois la sottise et la bizarrerie. « Quand il tonnait, elle se fourrait à quatre pattes sous un lit de repos, puis faisait coucher tous ses gens dessus l'un sur l'autre en pile, afin que, si le tonnerre tombait, il eût fait son effet sur eux avant de pénétrer jusqu'à elle » (II, 43). Le tonnerre s'abat surtout au début de l'œuvre, avec la moitié des impacts dans les deux premiers tomes. Louis XIV apparaît dans les orages de cour comme une figure jupitérienne, frappant sans prévenir ceux qui ont provoqué son courroux. Ainsi d'Aquin, premier médecin, reçut au petit matin l'ordre « de se retirer sur-le-champ à Paris ; [...] et défense [...] de voir le Roi et de lui écrire. Jamais le Roi n'avait tant parlé à d'Aquin que la veille à son souper et à son coucher, et n'avait paru le mieux traiter. Ce fut donc pour lui un coup de foudre qui l'écrasa sans ressource. La cour fut fort étonnée [...] » (I, 108). Presque partout comme dans cette première occurrence, la foudre royale est une disgrâce qui terrasse le coupable – d'Aquin en mourut peu après, « et avec lui sa famille qui retomba dans le néant » (I, 284) – tandis que son fracas saisit la cour et littéralement l'*étonne*. Dans l'affaire de la campagne de Lille, l'intrigue et l'ambition finirent par perdre le comte d'Évreux, « vendu sans réserve » (III, 211) au puissant duc de Vendôme et compromis avec lui dans les propos répandus contre le duc de Bourgogne : le Roi les interdit tous deux de service, vrai « coup de foudre » dont la cabale fut « étrangement étourdie » (III, 391). Mais le plus remarquable exemple de ces foudroyés illustres est sans doute la princesse des Ursins, *camarera-mayor* de la reine d'Espagne, gouvernant par elle absolument le roi et parvenue au faîte de l'influence politique ; cette femme exceptionnelle, pour laquelle Saint-Simon ne cache pas son admiration, « régna[n]t ainsi en plein » (II, 439), interférait dans les rapports que Louis XIV entretenait avec son petit-fils ; sa perte fut résolue. Le Roi lui envoya un ordre « de partir incontinent de Madrid, de sortir tout de suite d'Espagne, et de se rendre en Italie.

Ce coup de foudre mit la reine au désespoir, sans accabler celle sur qui il tombait » (II, 447), dont le courage n'était pas facilement abattu et qui devait d'ailleurs parvenir à rentrer en grâce en faisant jouer son réseau d'influences. Mais ce fut pour tomber à nouveau et pour de bon dix ans plus tard lors de la négociation de la paix d'Utrecht, qu'elle retarda en insistant pour obtenir une souveraineté qui la mît à l'abri des changements de fortune. La foudre est cette fois annoncée par un « éclair » dans l'azur, un mot énigmatique prononcé par le Roi et que sa chute seule devait « développ[er] » (IV, 780), car il y a une sémiotique de ces orages, à l'instar de ceux qu'interprétaient jadis les haruspices fulgurateurs. Ils peuvent en effet survenir en tous secteurs du ciel, au loin comme dans l'intimité – Saint-Simon parle alors d'« orage intérieur » (IV, 384) ou « domestiques » (IV, 266, 385) –, et l'on peut en décrire avec précision l'aspect et le mouvement : on les voit « se former » (II, 630), « s'approcher » (VII, 577), on les entend « grond[er] » (II, 412), puis ils sont prêts à « fondre » (III, 492) ; les habiles cependant peuvent parfois les « détourner » (VI, 768, 772) ou les « conjurer » (VIII, 547) par d'adroites manœuvres, car les dieux ne sont pas insensibles à la prière ; sans quoi il faut les essuyer. Ils sont à l'occasion d'une grande violence, à l'image des perturbations du ciel qu'il arrive au mémorialiste de consigner comme des *mirabilia* : « Il y eut, le jour de la Chandeleur, un ouragan si furieux que personne ne se souvint de rien qui eût approché d'une telle violence [...]. Cet ouragan a été l'époque du dérangement des saisons et de la fréquence des grands vents en toutes ; le froid en tout temps, la pluie, etc., ont été bien plus qu'ordinaires depuis, et ces mauvais temps n'ont fait qu'augmenter jusqu'à présent, en sorte qu'il y a longtemps qu'il n'y a plus du tout de printemps, peu d'automnes, et, pour l'été, quelques jours par-ci par-là » (I, 816). Le caractère anthropocentrique de l'histoire naturelle incite à lire les phénomène célestes comme des indices de notre condition et un écho des temps troublés. Ainsi, la promotion des bâtards au rang de princes du sang habiles à succéder au trône a pour corollaires deux ouragans distincts, le premier consistant dans « les calomnies exécrables dont [Mme de Maintenon et le duc du Maine] avaient eu l'art profond, et si bien suivi, de noircir le seul prince à qui la régence ne pouvait être contestée. [...] Ces bruits ne pouvaient pas toujours durer : on se lasse enfin de dire et de parler de la même chose. Ils tombaient donc ; mais, tôt après, ils reprenaient une nouvelle vigueur; on n'entendait plus s'entretenir d'autre chose, sans savoir pourquoi cela avait repris, et ces bouffées d'ouragan reprenaient de la sorte et se soutenaient du temps par les mêmes ressorts qui leur avaient donné le premier être» (IV, 830-831). Le second, non plus sinistre mais comique, est la pièce montée par le duc de Noailles et le président de Maisons pour exciter la rage de Saint-Simon devant l'habilité des bâtards : «Ces deux hommes se mirent en pied à courir la chambre, à taper des pieds, à pousser et à frapper les meubles, à dire rage à qui mieux mieux, et à faire retentir la maison de leur bruit. J'avoue que tant d'éclat me fut suspect de la part de deux hommes, l'un si sage et si mesuré, et à qui ce rang ne faisait rien, l'autre toujours si tranquille, si narquois, si maître de lui-même. [...] Ma tranquillité aigrit leur furie. Je n'ai, de ma vie, rien vu de si surprenant. Je leur demandai s'ils étaient devenus fous, et si, au lieu de cette tempête, il n'était pas plus à propos de raisonner, et de voir s'il y avait quelque chose à faire. [...] Enfin l'ouragan s'apaisa peu à peu» (IV, 802). Ici, l'intempérie artificielle est sans danger, et l'on peut s'en moquer, comme au théâtre.

LES MORTS VIOLENTES

La fureur des éléments ne passe pas sans dommages : d'Aquin n'a pas survécu à sa disgrâce, pas plus que Boufflers ou Vauban, et c'est une fin classique pour les malheureux qui ont encouru la colère royale. Mais si terrible que soit le choc qu'ils ont subi, ils nous ont fait quitter le plan des conflits implacables de Saint-Simon avec les grandes figures du mal. Après les luttes à finir, les haines incandescentes, les vengeances qui flamboient et qui donnent à l'Histoire son rythme, il faut à présent suivre le mémorialiste dans le domaine indénombrable des secousses ordinaires, des soubresauts quotidiens – passer de la tectonique des plaques au mouvement saccadé de la chronique. La sensibilité de Saint-Simon aux heurts – sensibilité agonale –, donne un relief spectaculaire aux conflits majeurs de son existence; ceux-ci sont en quelque sorte la chaîne des *Mémoires*, un sol travaillé par des forces qui font surgir des sommets – pics, dents, aiguilles –, dont la puissance, l'altitude et l'acuité semblent défier la comparaison. Mais cette même sensibilité, partout à l'œuvre, capte les ondes sismiques les plus ténues, souligne les contrastes les plus discrets, fait résonner les explosions les plus sourdes. La population saint-simonienne est secouée par d'incessantes querelles, traversée de lignes de faille, le mémorialiste faisant des conflits la matière même de l'histoire, déclinée en guerres, batailles, hérésies, controverses, procès, rivalités, animosités de toutes natures et qui affectent tour à tour les individus, les groupes et les peuples. Il n'est pas jusqu'aux façons d'être de certains personnages *singuliers* – un terme éminemment saint-simonien – qui n'expriment une espèce de heurt oblique avec l'usage, avec une contrainte sociale que leur excentricité déjoue. Aussi la singularité est-elle une formation de compromis qui permet d'éviter le choc frontal. Tous n'ont pas cette souplesse.

Les disgraciés meurent de n'avoir pas su parer un coup trop grand pour être absorbé. Il en va de même de la plupart des morts subites : coup de sang, coup du sort, coup de feu, c'est selon. Ainsi la princesse d'Épinoy douairière, en route pour Marly où elle devait se faire saigner, « entra chez [Barbezieux] en bonne santé ; l'instant d'après elle se trouva mal, on ne fit que la jeter sur le lit de Barbezieux : elle était morte. On lui trouva la tête noyée de sang » (I, 531). Chavigny, ayant trompé M. le Prince, et découvert, se vit insulté publiquement « par les termes et les injures les plus outrageants. Les menaces les plus méprisantes et les plus fâcheuses comblèrent ce torrent de colère, et Chavigny de rage et du plus violent désespoir. [...] Chavigny, perdu de tous côtés, se vit perdu sans ressource et hors d'état de se pouvoir venger. La fièvre le prit le jour même et l'emporta trois jours après » (I, 70). À la suite d'une « forte prise » (II, 5) avec le Roi son frère, Monsieur, « d'un rouge enflammé avec les yeux étincelants », retourna souper à Saint-Cloud : « [v]ers l'entremets, comme il versait d'un vin de liqueur à Mme de Bouillon, on s'aperçut qu'il balbutiait et qu'il montrait quelque chose de la main. Comme il lui arrivait quelquefois de leur parler espagnol, quelques dames lui demandèrent ce qu'il disait, d'autres s'écrièrent : tout cela en un instant ; et il tomba en apoplexie sur M. le duc de Chartres, qui le retint » (II, 7-8). La saignée, l'émétique, tous les remèdes furent sans effet : il mourut dans la matinée.

Cependant deux causes de décès brutal, le suicide et le duel, ont cette particularité de faire, comme la disgrâce, des morts coupables et de redoubler leur violence propre par un affront aux lois divines ou humaines. Il y a dans les *Mémoires* treize morts volontaires clairement exposées – un chiffre d'autant plus considérable qu'il s'agit d'un sujet tabou –, dont trois à cinq pages d'intervalle, par un phénomène de mémoire associative que nous aurons l'occasion de revoir à l'œuvre et qui présente les cas semblables par grappes. Cette courte série présente un abrégé des voies qui conduisent à la « catastrophe », l'euphémisme qu'emploie le mémorialiste pour parler des suicides et qui ne dénote pas le projet de se donner la mort ; le texte ne laisse pourtant guère de doute à cet égard, bien que parfois la folie soit en cause – chez le prince de Courtenay, chez l'abbé de Brancas – et qu'un parfum de déraison flotte toujours sur un tel geste. Est-ce pour cela que Saint-Simon ne condamne pas apparemment ceux que l'Église excommuniait et que les tribunaux traitaient comme des meurtriers ? Ainsi écrit-il de Saint-Adon, grand joueur ayant tout perdu et qui « se tua un matin dans son lit », que « [t]out le monde le plaignit. Il était brave, de bon commerce, et fait, quoique de peu, pour la bonne compagnie » (II, 703). Puis, parlant de Du Mont, gouverneur de Meudon qui en obtiendra la survivance pour Pellevé son petit-fils, il évoque la fin de celui-ci, qui « devint fou par intervalles. On ne put lui laisser Meudon, où il se conduisait avec toutes sortes d'extravagances : cela acheva de lui tourner la tête ; il finit par s'aller noyer dans la Seine vers le moulin de Javelle » (II, 707) – un événement survenu trente ans plus tard. « Une folie me conduit à une autre » (II, 708), note alors le mémorialiste, qui revient à la chronique de 1706 pour raconter la « catastrophe curieuse de Maulévrier » (II, 708) : intermédiaire de la princesse des Ursins et de la cour, enragé d'amour pour la duchesse de Bourgogne, ambitieux et jaloux, « sa tête se troubla » (II, 709), il se trouva la proie d'obsessions contradictoires auxquelles ses proches mirent le comble en lui révélant qu'on le croyait fou dans le monde. « Outré de fureur de sentir que cette opinion ruinait sans ressources tous les desseins de son ambition, sa passion dominante, il se livra au désespoir. Quoique veillé avec un extrême soin par sa femme, par quelques amis très particuliers, et par ses domestiques, il fit si bien que, le vendredi saint de cette année, il se déroba un moment d'eux tous sur les huit heures du matin, entra dans un passage derrière son appartement, ouvrit la fenêtre, se jeta dans la cour, et s'y écrasa la tête contre les pavés. Telle fut la catastrophe d'un ambitieux à qui les plus folles et les plus dangereuses passions, parvenues au comble, renversèrent la tête, et lui ôtèrent la vie, tragique victime de soi-même » (II, 710). S'il est quelque chose de répréhensible chez Maulévrier, ce sont les passions, dont le suicide est l'aboutissement lorsqu'elles rencontrent un obstacle infranchissable ; la défenestration de Silly, autre ambitieux écarté par Fleury devenu premier ministre, présente un cas presque identique. Voilà ce qu'est proprement le désespoir, la passion qui succède aux autres quand le bien qu'elles poursuivent devient inaccessible ou quand le mal qu'elles fuient apparaît assuré ; quand on est acculé en somme, comme ce soldat arrêté dans l'affaire du meurtre de l'abbé de Bonneuil et qui s'en tire d'un coup de poignard, ou comme le faussaire De Bar, condamné dans l'affaire du cartulaire de Brioude, qui « se cassa la tête contre les murs de sa chambre à la Bastille » (III, 970). D'autres sont enfermés dans la pauvreté ou la ruine aussi bien que dans une cellule : Saint-Adon, le vice-bailli d'Alençon, Monastérol ou Permillac, qui « se tua un matin dans son lit d'un coup de pistolet dans la tête pour avoir perdu tout ce qu'il n'avait pas, ni ne pouvait avoir, ayant été gros et fidèle joueur toute sa vie. C'était un homme de beaucoup d'esprit, et jusque-là de sens, que ses talents et sa distinction avaient fort avancé à la guerre [...]. Il avait pris de l'amitié pour moi, et moi pour lui. Tout le monde le plaignit, et je le regrettai fort » (I, 602). C'est également le cas de La Vauguyon, ancien ambassadeur, chevalier de l'Ordre et conseiller d'État, mourant littéralement de faim et devenu « fou de misère » (I, 113), qui s'est « tué le matin de deux coups de pistolet dans son lit, qu'il se donna dans la gorge, après s'être défait de ses gens sous prétexte de les envoyer à la messe » (I, 109). Le cas de Séron, médecin de Louvois, est plus terrible encore. Saint-Simon raconte qu'il « s'était barricadé dans cette chambre [de la Surintendance] seul, quatre ou cinq mois après la mort de Louvois ; qu'aux cris qu'il fit on était accouru à sa porte, qu'il ne voulut jamais ouvrir ; que ces cris durèrent presque toute la journée sans qu'il voulût ouïr parler d'aucun secours temporel ni spirituel, ni qu'on pût venir à bout d'entrer dans sa chambre ; que sur la fin on l'entendit s'écrier qu'il n'avait que ce qu'il méritait, que ce qu'il avait fait à son maître, qu'il était un misérable indigne de tout secours ; et qu'il mourut de la sorte en désespéré au bout de huit ou dix heures, sans avoir jamais parlé de personne ni prononcé un seul nom » (V, 499).

Cette chambre dont on ne peut sortir et où pourtant l'on ne peut demeurer est une image pascalienne de l'enfer ou de ses prémices. Symétrique de ce monde muré, celui du duelliste apparaît ouvert, d'une liberté que la loi même ne peut contraindre, mais soumise à des codes plus impérieux encore, la liberté ayant ses règles. Les *Mémoires* citent des dizaines de duels, dont la moitié est antérieure au temps de la chronique. Il est remarquable que ceux qui précèdent la naissance de Saint-Simon s'achèvent tous par la mort d'un des combattants, à l'exception de celui qui avait mis aux prises son père et le marquis de Vardes et qui faisait partie de la geste familiale : une « aventur[e] d'éclat » successive à un procès, maquillée en rencontre de hasard dans un lieu « fort désert » (I, 83) et qui se termina par la victoire du duc, après quoi « [i]ls se séparèrent civilement en braves gens » (I, 84). Le mémorialiste, prenant le duc Claude pour modèle, énonce les critères de la discrétion, de la bravoure et de la civilité, qui tempèrent la chaleur agressive du combat et garantissent la noblesse du procédé. Il les rappellera lors de duels ultérieurs, survenus au cours de sa vie. Inversement, parmi ceux-ci, nous n'en trouvons que deux dont l'issue soit fatale, celui de Saint-Paul, capitaine aux gardes, tué par Sérancourt ; et celui du chevalier de Breteuil tué par le marquis de Gravel, « querelleur et fort en gueule [...]. Breteuil en serait demeuré là sans ses camarades et sans sa famille, qui le forcèrent à se battre. Ils n'y firent pas grand-façon : le combat se fit en plein midi dans la rue de Richelieu. En un tournemain Breteuil fut tué, et il n'en fut pas autre chose. M. le duc d'Orléans, pour le dire faiblement, ne haïssait pas les duels » (VII, 793). Au sein d'une aristocratie qui exerçait le point d'honneur et se battait pour peu de chose – surtout quand les lettres de grâce étaient aisées à obtenir –, un duel était vite oublié, si ce n'était par ses suites ; aussi les plus anciens semblent-ils consignés dans les *Mémoires* précisément à cause de leur fin tragique qui conférait une immortalité paradoxale, alors que les plus récents n'ont guère en comparaison que le statut de faits divers. Tous sont pourtant des heurts d'une grande violence qui tracent le portrait d'une noblesse belliqueuse. Le plus ancien d'entre eux, le duel judiciaire de Guy Chabot de Jarnac et de François de Vivonne en 1547, est passé en « proverbe » (IV, 723) par le célèbre coup au jarret que Jarnac avait appris d'un bretteur italien. Également fameux, ceux de Montmorency-Bouteville, qui « retiré à Bruxelles pour avoir tué en duel le comte de

Thorigny en 1627 [1626], hasarda de revenir à Paris se battre à la place Royale contre Bussy-d'Amboise qui était Clermont-Gallerande, qu'il tua » (I, 127-128). Richelieu, défié devant chez lui, le fit décapiter avec son second en place de Grève. Saint-Simon cite encore, à quatre reprises, le duel qui opposa vers la fin de la Fronde le duc de Beaufort au duc de Nemours son beau-frère ; et six fois celui des deux La Frette, de Saint-Aignan et de Flamarens contre Chalais, Noirmoutiers, d'Argenlieu et d'Antin : célèbres exemples, ayant fait événement, dont le mémorialiste use comme de repères.

Saint-Simon ne condamne pas les duellistes qui, à l'instar de son père, respectent leurs obligations et il méprise le duc de Roquelaure de s'être laissé insulter par MM. de Vendôme sans « tirer raison d'un tel affront » (I, 215) ; il n'aime pourtant guère les duels et réprouve tant l'ingérance des familles que la complaisance du Régent. Alors que Louis XIV emprisonnait et cassait les délinquants, Philippe les laissait faire, comme on le constata bientôt. Sous une manchette intitulée « Duels réveillés », le mémorialiste raconte que deux capitaines, Ferrand et Girardin, « se battirent familièrement sous la terrasse des Tuileries, le mardi matin 12 novembre [1715]. [...] C'étaient deux hommes faits tout exprès par leur conduite et leur petit état pour servir d'exemple de toute la sévérité des duels. Le Régent parut d'abord le vouloir ; sa facilité se laissa bientôt vaincre. Ils perdirent leurs emplois, et leurs emplois n'y perdirent rien. Ce mauvais exemple réveilla les duels, qui étaient comme éteints. L'étrange est que M. le duc d'Orléans n'en fut pas trop fâché » (V, 780). La publicité provocatrice et le « petit état » des duellistes, relevé par un chiasme méprisant, est aux antipodes des combats courtois de gentilhommes. Les suites ne s'en firent pas attendre : le 17 février 1716, le duc de Richelieu et le comte de Gacé se battirent rue Saint-Thomas du Louvre au sortir d'un bal ; et quelques jours plus tard, Jonzac et Villette, jeunes et ivres à un souper du prince de Conti, eurent une querelle, « un badinage de rien » dont on fit une affaire, tant et si bien « que les familles s'en mêlèrent et les crurent déshonorés s'ils ne se battaient pas. Tous deux y résistèrent ; mais enfin, poussés à bout, ils se battirent en fort braves gens, et montrèrent ainsi que leur résistance ne venait que de ne savoir pourquoi se battre. Tous deux furent blessés, Villette plus considérablement, et disparurent. Ce fut le premier fruit de l'impunité effective du premier duel de la Régence, sur le quai des Tuileries, en plein jour » (V, 814-815).

AFFRONTS ET AFFRONTEMENTS

Toute querelle ne se conclut pas par les armes. Il est des bottes portées par le verbe seul, dont certaines sont sans réplique. Une secrète affinité explique-t-elle la complaisance scandalisée de certaines anecdotes rapportées par Saint-Simon ? Le mémorialiste narre ainsi une scène où le duc de Gesvre escrime en virtuose contre un maréchal de Villeroi réduit au silence par le persiflage, l'apostrophant publiquement, admirant « la fortune du Villeroi qui épouse une Créqui, et de son père [à lui] qui épouse une Luxembourg ; et de là des charges, des gouvernements, des dignités, des biens sans nombre ; et les pères de ces gens-là des secrétaires d'État : "Arrêtons-nous là, monsieur le maréchal, s'écria-t-il, n'allons pas plus loin ; car qui étaient leurs pères à ces deux secrétaires d'État ? de petits commis, et commis eux-mêmes ; et de qui venaient-ils ? le vôtre d'un vendeur de marée aux Halles, et le mien, d'un porteballe et peut-être de pis [...]". Le Maréchal eût voulu être mort, beaucoup mieux encore l'étrangler ; mais que faire à un homme qui, pour vous dire une cruauté, s'en dit une à lui-même le premier ? » (I, 678-679). Or Saint-Simon, quoiqu'il s'en défende, n'est pas incapable de ces cruautés qui font mouche. Causeur brillant mais irascible et mordant, il sait se montrer dangereux s'il se croit attaqué, même avec ses amis. Il raconte par exemple que le duc de Charost, qu'il aimait pourtant et qui passait son temps chez lui, « était infatué à l'excès de Monsieur de Cambrai et fort aliéné de Monsieur de la Trappe », sur lequel parfois il « se licenciait ». Saint-Simon le conjurait d'épargner sa patience et des « sorties qu['il] ne pourrai[t] retenir » (I, 495), mais Charost un jour à Marly, négligeant les mises en garde « poussa toujours sa pointe, et, de propos en propos de plaisanterie fort aigre et où il ne se retenait plus, il me lâcha avec un air de mépris pour Monsieur de la Trappe, que c'était mon patriarche devant qui tout autre n'était rien. Ce mot enfin combla la mesure. "Il est vrai, répondis-je d'un air animé, que ce l'est ; mais vous et moi avons chacun le nôtre, et la différence qu'il y a entre les deux, c'est que le mien n'a jamais été repris de justice." Il y avait déjà longtemps que Monsieur de Cambrai avait été condamné à Rome. À ce mot, voilà Charost qui chancelle (nous étions debout), qui veut répondre et qui balbutie : la gorge s'enfle, les yeux lui sortent de la tête et la langue de la bouche » (I, 495-496), il s'étrangle sur sa riposte tandis que Saint-Simon, point « mécontent de sa réponse » (I, 496), regarde, pensif et sans trop d'empathie, son adversaire au sol entre les dames qui le délacent. Ce qui surprend dans cette scène est la réaction physique de Charost ; la remarque de Saint-Simon, si acerbe qu'elle fût, ne semblait pas devoir toucher le corps. Mais la médecine de l'époque, qui embrassait volontiers dans un diagnostic commun les affections organiques et les passions de l'âme, a fait penser la sensibilité comme un phénomène global. S'étrangler de rage est ainsi moins une métaphore que l'expression littérale d'une réaction de tout l'être. À l'issue de la joute, le vaincu, comme en un songe, étrangle ou s'étrangle afin que le verbe se coince et cède. Il est d'autres scènes où le coup porté suscite un cri. Dans le portrait biographique qu'il consacre à son père, Saint-Simon raconte que le duc Claude s'était procuré les Mémoires de La Rochefoucauld, « curieux d'y voir les affaires de son temps. Il y trouva qu'il avait promis à Monsieur le Prince de se déclarer pour lui, qu'il lui avait manqué de parole, et que le défaut d'avoir pu disposer de Blaye, comme Monsieur le Prince s'y attendait, avait fait un tort extrême à son parti. […] Mon père sentit si vivement l'atrocité de la calomnie, qu'il se jeta sur une plume et mit à la marge : *L'auteur en a menti*. Non content de ce qu'il venait de faire, il s'en alla chez le libraire […], voulut voir ses exemplaires, pria, promit, menaça et fit si bien qu'il se les fit montrer. Il prit aussitôt une plume et mit à tous la même note marginale » (I, 85), estafilant chaque tête de l'hydre imprimée par son vieil adversaire. La riposte indignée suffirait à rappeler que le genre des Mémoires hérite de la culture des armes et que, sous couvert de témoignage, ils sont aussi bien offensifs que défensifs. L'omniprésence des estocades chez Saint-Simon rattache les siens à cette tradition de l'épée, tout en participant d'une écriture du heurt qui lui est personnelle. L'aversion réciproque des Saint-Simon et des La Rochefoucauld, qui remontait au litige de leur élévation à la pairie et au contentieux de leur préséance, flamboie brusquement dans cet épisode ; il arrive cependant qu'un mot incendiaire suffise à faire naître la haine. Les exemples ne manqueraient pas, mais l'un se distingue par ses suites : un soir de 1708, en Espagne, le duc d'Orléans s'efforçait de pallier « l'incurie extrême de tous préparatifs les plus indispensables pour mettre en campagne » :

> il se mit à table avec plusieurs seigneurs espagnols et des François de sa suite, tout occupé de son dépit, qui tomboit sur Mme des Ursins qui gouvernoit tout, et qui n'avoit pas songé à la moindre des choses concernant la campagne, le souper s'égaya, et un peu trop. M. le duc d'Orléans, un peu en pointe de vin, et toujours plein de son dépit, prit un verre, et, regardant la compagnie (je fais excuse d'être si littéral ; mais le mot ne peut se masquer) : « Messieurs, leur dit-il, je vous porte la santé du con capitaine et du con lieutenant ». [...]. Une demi-heure après, au plus, Mme des Ursins en fut avertie. Elle sentit bien qu'elle étoit le lieutenant, et Mme de Maintenon le capitaine [...]. *Inde iræ.* Jamais elles ne l'ont pardonné à M. le duc d'Orléans, et nous verrons combien peu il s'en est fallu qu'elles ne l'aient fait périr[19].

Passant de la pointe du vin à celle du verbe, le duc écorche les amours-propres et allume des rancœurs inextinguibles : on sait à quelle violence symbolique – imputation de meurtre, mise au ban, tentative d'exhérédation – elle aboutira de la part de la reine consort.

Il ne faut toutefois pas s'exagérer le rôle du langage dans le déclenchement des haines, car il ne fait le plus souvent qu'énoncer des incompatibilités de point de vue, de sensibilité ou d'intérêt, autrement muettes mais agissantes. Bien qu'il y en ait de viscérales, un changement survenu à la cour, l'une de ces reconfigurations du pouvoir qui met fin à certaines alliances et en crée de nouvelles, peut faire en un instant passer de l'affection à l'aversion, « étranges mutations de ce monde » (III, 80). Ainsi l'élévation de la princesse d'Orléans au rang de petite-fille de France par son mariage avec le duc de Berry entraîna sa « haine déclarée » pour tous ceux qui y avaient contribué, « parce que, disait-elle, il lui était insupportable d'avoir obligation à quelqu'un » (VII, 449). Une autre élévation, prodigieuse cette fois, celle de Mme de Maintenon, qui de veuve Scarron devint l'épouse du Roi, suscita la haine de la marquise pour l'archevêque de Paris, Monseigneur de Harlay, l'un des trois témoins de son mariage secret, « coulé à fond » (I, 256) pour s'être opposé à la déclaration publique. Du reste, Mme de Maintenon était libérale de son animosité – à laquelle le mémorialiste n'a pas échappé et qu'il a payée de retour –, se détournant en particulier de ceux qu'elle avait chéris lorsqu'elle estimait qu'ils lui avaient manqué, tels Fénelon, coupable de la même faute que Monseigneur de Harlay parmi bien d'autres maladresses. « Sa haine pour Monsieur de Cambrai » était sans cesse tenue

19 GEF, XVI, 161 ; Pléiade, III, 182-183.

« en haleine » (III, 72) par ceux qui l'avaient renversé et qui redoutaient son retour, et elle embrassait tous ceux qui demeuraient attachés à lui : la duchesse de Mortemart, les ducs de Beauvillier et de Chevreuse, « ses ennemis, comme il lui échappait quelquefois de les appeler », et même ceux qui s'alliaient à eux, comme Chamillart, sa « créature », qu'elle avait vu avec dépit la « déserter » (III, 73). C'était du reste un crime que de se soustraire à la dépendance d'un grand, de ceux que l'on nommait ingratitude et qu'on ne pardonnait guère :

> Mme du Maine, gâtée par la complaisance sans bornes de M. du Maine, étoit devenue une manière de divinité fort capricieuse, qui se croyoit tellement tout dû qu'elle ne croyoit plus rien devoir à personne. [...]. Ainsi, Mme du Maine trouva mauvais qu'ayant amené Mme de Lauzun à Marly, elle s'en retournât avec une autre, quoique cette autre fût Mme la duchesse de Bourgogne [...]. Incontinent après, la marée monta ; et voilà la duchesse du Maine aux reproches d'amitié d'une part, de manèges de l'autre pour faire sa cour à Mme la duchesse de Bourgogne en lui manquant à elle de respect, à lui dire qu'elle pouvoit désormais chercher qui la mèneroit à Marly, si tant étoit qu'elle y revînt, et à rompre avec elle en lui tournant le dos de la manière la plus impérieuse et la plus scandaleuse, ou plutôt la plus folle[20].

Avec une précision de spécialiste, Saint-Simon décline le lexique de l'altercation, transformant les *Mémoires* en un surprenant herbier d'épines et de ronces : querelles à se brouiller, conflits, contestations, aheurtements, disputes, prises, éclats, attaques, affronts, camouflets, piques, picoteries, riottes, chocs, poussades, égratignures, coups divers. Un *hapax*, comme le *coup de verge* (II, 459) métaphorique donné par Louis XIV à Tréville en refusant son élection à l'Académie française, paraît tout exprès réservé au Roi, lui « si égal à l'extérieur et si maître de ses moindres mouvements » (I, 245) et qui, en l'occasion unique d'un « dépit inconcevable » conçu par ailleurs, battit physiquement un valet chapardeur. « Dans l'instant il oublie toute sa dignité, et, sa canne à la main [...], court sur ce valet qui ne s'attendait à rien moins, ni pas un de ceux qu'il sépara sur son passage, le frappe, l'injurie et lui casse sa canne sur le corps : à la vérité, elle était de roseau et ne résista guère » (I, 245). Verge ou roseau, l'arme légère acquiert entre ses mains la puissance d'un foudre. C'est pourquoi emporté contre Lauzun, il fit un jour ce que Saint-Simon admiratif nomme « la plus belle action de

20 GEF, XVIII, 425-426 ; Pléiade, III, 730.

sa vie : il se tourne à l'instant, ouvre la fenêtre, jette sa canne dehors, dit qu'il serait fâché d'avoir frappé un homme de qualité, et sort » (VIII, 624). Cet empire sur soi-même ne rend que plus terrible sa colère lorsqu'en de rares occurrences elle se donne cours : Courtenvaux, ayant une fois malencontreusement contrevenu aux ordres, la subit de plein fouet. « On l'entendait de sa chambre. Les menaces de lui ôter sa charge, les termes les plus durs et les plus inusités dans sa bouche plurent sur Courtenvaux, qui, pâmé d'effroi et prêt à tomber par terre, n'eut ni le temps ni le moyen de proférer un mot » (II, 640). Autres *hapax* : les *coups d'estramaçon* (I, 632) donnés par le duc de La Rochefoucauld au Premier président de Harlay pour le perdre dans l'esprit du Roi ; l'*aheurtement* (VI, 577) du Chancelier d'Aguesseau ; les *poussades* (I, 506) de la duchesse de Rohan et de la duchesse d'Halluin ; les *picoteries* (I, 262) des princesses filles de Louis XIV. À peine plus répandues, les *égratignures* – comme celles « au sang » de Lauzun, le « mauvais chat » (VIII, 639) – ou les *riottes* de la famille royale demeurent des espèces rares, des nuances de querelle. Le mémorialiste en prélève quelques-unes dans ces domaines aristocratiques que sont les armes, le manège ou la fauconnerie, telle cette expression qui revient sous sa plume pour dire l'abattement successif aux persécutions : *battu de l'oiseau* (IV, 540), comme celui qu'il pourchasse et qu'il frappe de son aile.

Les disputes chez Saint-Simon naissent même entre amis, son monde est rien moins qu'irénique. « Grande dispute entre le Chancelier et moi », note ainsi le bouillant mémorialiste à l'occasion d'un règlement sur les duchés-pairies, avant de citer le premier maréchal de Villeroi, qui « disait avec un admirable sens qu'il aimerait mieux pour soi un premier ministre son ennemi, mais homme de qualité, qu'un bourgeois son ami » (IV, 144). La divergence – sociale en l'occurrence – des points de vue n'est du reste que l'une des formes du choc des singularités et l'univers de Saint-Simon semble parfois composé de monades hors de toute harmonie préétablie. Des tensions explosives peuvent traverser l'affection sans la détruire. Parlant de la comtesse de Fiesque, il note qu'elle « passa toute sa vie [avec Mademoiselle], souvent en vraies querelles pour des riens, et sans toutefois pouvoir se passer l'une de l'autre » (I, 652). Les rares exceptions à cette règle de disharmonie méritent d'être relevées. Saint-Simon écrit plus de vingt fois que Beauvillier et Chevreuse n'étaient « qu'un cœur, qu'une âme, une même pensée, un même sentiment toute leur vie » (IV, 853), « si intimement uns [...], car unis est trop peu dire » (III, 71), que « parler à l'un, c'était aussi parler à l'autre » (III, 127), ayant « passé leur vie ensemble, sans se quitter, dans la plus intime et la plus indissoluble union, et jamais interrompue un seul instant » (IV, 557-558). Dans un registre moins sublime, les deux frères Belle-Isle étaient aussi dans une union qui « ne fit des deux qu'un cœur et une âme sans la plus légère lacune, et dans la plus parfaite indivisibilité, et tout commun entre eux, biens, secrets, conseils, sans partage ni réserve, même volonté en tout, même autorité domestique sans partage toute leur vie » (VII, 359) ; et, sur un mode abominable, l'abbé de Tencin et sa sœur la chanoinesse « ne furent jamais qu'un cœur et qu'un[e] âme par la conformité des leurs, si tant est que cela se puisse dire en avoir » (VII, 508). Hors ces cas surprenants, quasi contre nature, de siamois spirituels, les dissensions inévitables vont de la confrontation muette ou de la simple prise de bec aux affronts les plus sanglants, suivant les degrés de l'antipathie ou de l'orgueil, toujours inflammable. Certaines escalades sont mémorables et Saint-Simon affectionne celles où un audacieux est publiquement châtié. Il raconte ainsi que le premier président de Novion ayant, lors d'une soutenance d'apparat en Sorbonne, usurpé un fauteuil au-dessus du duc de Coislin, celui-ci « se lève, prend son fauteuil, le plante devant le Premier président et s'assit. Aussitôt grande rumeur, et M. de Coislin à serrer le Premier président du derrière de sa chaise à l'empêcher de remuer, et se tenant bien ferme dans le sien. Le cardinal de Bouillon essaya de s'entremettre : M. de Coislin répondit qu'il était où il devait être puisque le Premier président oubliait ce qu'il lui devait, qui, interdit de l'affront et de la rage de l'essuyer sans pouvoir branler, ne savait que faire » (II, 241-242), piégé comme un animal de fable. Cependant la tension n'est pas moindre dans tel affrontement en apparence sans éclat, comme dans le célèbre « tête-à-tête sur la Constitution » (IV, 706) *Unigenitus* que le mémorialiste eut en 1713 avec le Père Le Tellier. Enfermés dans la « boutique » obscure de Saint-Simon à Versailles, cet arrière-cabinet de travail sis à l'entresol de l'appartement, ils se tenaient l'un face à l'autre, éclairés par deux flammes, dans un *chiaroscuro* qui accusait les contrastes entre ténèbres et vérité, elle que « l'ombre [...] fait mieux sortir » (IV, 707). La dispute, note Saint-Simon, fut « vive et longue » (IV, 707). Il faut citer ici ce texte magnifique et terrible :

> Il évita toujours de me rien dire de personnel ; mais il rageoit, et plus il se contenoit à mon égard, moins il le put sur la matière [...]. Dans cette fougue, où, n'étant plus maître de soi, il s'échappa à bien des choses dont je suis certain qu'il auroit après racheté très chèrement le silence, il me dit tant de choses sur le fond, et sur la violence pour faire recevoir [la bulle], si énormes, si atroces, si effroyables, et avec une passion si extrême, que j'en tombai en véritable syncope. Je le voyois bec à bec entre deux bougies, n'y ayant du tout que la largeur de la table entre deux. J'ai décrit ailleurs son horrible physionomie. Éperdu tout à coup par l'ouïe et par la vue, je fus saisi, tandis qu'il parloit, de ce que c'étoit qu'un jésuite, qui, par son néant personnel et avoué, ne pouvoit rien espérer pour sa famille, ni, par son état et par ses vœux, pour soi-même, pas même une pomme ni un coup de vin plus que tous les autres ; qui par son âge touchoit au moment de rendre compte à Dieu, et qui, de propos délibéré et amené avec grand artifice, alloit mettre l'État et la religion dans la plus terrible combustion, et ouvrir la persécution la plus affreuse pour des questions qui ne lui faisoient rien, et qui ne touchoit que l'honneur de leur école de Molina. Ses profondeurs, les violences qu'il me montra, tout cela ensemble me jeta en un tel extase, que tout à coup je me pris à lui dire en l'interrompant : « Mon Père, quel âge avez-vous[21] ? »

Comme au lit de justice cinq ans plus tard, Saint-Simon tombe en syncope dans un face-à-face avec la violence et la rage. Ces deux scènes si fortes qu'autrement tout sépare – l'une est un châtiment politique et public, l'autre un entretien privé sur la religion – pointent-elles en direction d'une *scène primitive* jamais écrite – celle d'un affrontement absolu, insoutenable –, dont les *Mémoires* offriraient l'obsédante manifestation ? Le « *sproposito* » (IV, 706) du duc est l'expression verbale d'un décrochage, du passage de l'esprit à un plan supérieur et caché, en surplomb du débat ; le discours sur la Constitution est suspendu, Saint-Simon, hors de lui, sort de son rôle et se trahit par une question qui est comme un *kōan* : un brusque et indéchiffrable appel à la prise de conscience, inaudible pour le Père Le Tellier. Le néant personnel du jésuite en regard de son effrayant pouvoir destructeur exercent sur le mémorialiste une force d'attraction qui le soustrait à la présence immédiate, et ce même ordre de réalité est au principe de l'extase du lit du justice, ressentie au spectacle du retour des magistrats et des bâtards de leur monstrueuse grandeur au néant. En proie au vertige, il perd la terre, l'espace d'un battement d'aile.

21 GEF, XXIV, 117 ; Pléiade, IV, 709-710.

LE RÈGNE DE LA ZIZANIE

Pour quelques familles unies, nombre se déchirent, le fils s'élevant contre le père et le mari contre la femme, parfois sans nul retour. Le duc d'Albret, premier-né du duc de Bouillon, s'avisa un jour de lui envoyer un huissier pour une affaire de testament : « M. de Bouillon jeta les hauts cris, fit ses plaintes au Roi, et lui en dit dans sa colère tout ce qu'il put de pis ; et il exigea de sa plus proche famille et de ses amis de ne point voir le duc d'Albret » (I, 530), qui n'osa plus se montrer et s'enfonça dans la crapule. Le duc de Choiseul, sommé par le Roi de couper court aux galanteries scandaleuses de sa femme en l'envoyant dans un couvent, amoureux et crédule, « ne put se résoudre à un tel éclat [...]. Ce qu'il y eut de pis pour lui, c'est que sa femme bientôt après fut chassée [de la cour], et qu'elle en fit tant que le duc de Choiseul enfin n'y put tenir, la chassa de chez lui, et s'en sépara pour toujours » (I, 51-52) ; il ne la vit pas même sur son lit de mort. Le prince Charles de Lorraine rompit également avec sa femme « sur quelque jalousie qu'il en prit à Saint-Germain, chez le duc de Noailles son père, à qui, un beau matin, il la renvoya sans autre façon, sans en avoir voulu ouïr parler depuis ni d'aucun Noailles » (VII, 792). Certaines mésalliances un peu fortes sont aussi causes de division, celle du duc de Noirmoutier par exemple qui, pauvre et aveugle, se résolut à épouser successivement deux filles de magistrats, ce dont sa sœur la princesse des Ursins poussa des cris qui mirent entre eux du « refroidissement » (II, 608). La mésalliance elle-même apparaît comme une forme matrimoniale de heurt par le rapprochement contre la force de l'usage d'êtres que leurs rangs auraient dû tenir à distance, et la violence de cette infraction explique celle des réactions qu'elle suscite, ainsi qu'on l'a vu au mariage du duc de Chartres avec Mademoiselle de Blois.

Ce sont là des banalités, mais Saint-Simon redouble ce premier étage de discorde par les brouilles entre les familles, s'élevant parfois sur des alliances rompues, comme entre les Rohan et les Villeroi, parfois sur des querelles de préséance, comme entre les Saint-Simon et les La Rochefoucauld, parfois sur d'invétérées jalousies. « Les Bouillons et les Noailles étaient ennemis de tous les temps : les principales terres des

Noailles étaient dans la vicomté de Turenne ; ce joug leur était odieux, ils le voulaient secouer. Le procès en était pendant depuis nombre d'années, et se reprenait par élans avec une aigreur extrême et jusqu'aux injures [...]. C'était avec un dépit extrême qu'ils voyaient briller les Noailles dans la splendeur des dignités, des charges, des emplois et du crédit [...]. Les mêmes Bouillons n'étaient pas moins ennemis des Telliers. M. de Louvois, brouillé à l'excès avec M. de Turenne, et diverses fois humilié sous son poids, l'avait rendu depuis à toute sa famille et jusqu'à MM. de Duras, ses neveux, et l'inimitié s'était perpétuée » (I, 371-372). Lorsqu'elles sont suffisamment fortes, de telles inimitiés conduisent à l'horizon judiciaire – ou militaire si le conflit survient entre familles régnantes, à l'étage supérieur de la géopolitique. Saint-Simon parle ainsi de « l'intérêt commun de toute l'Europe de brouiller sans cesse et irrémédiablement, si elle le pouvait, les deux branches de la maison de France, dont la jalousie était telle, depuis que la couronne d'Espagne y était entrée, qu'il n'était efforts qu'elle n'eût faits pour l'en arracher, et depuis ne l'avoir pu par les armes, pour brouiller les deux couronnes et y semer sans cesse la zizanie depuis la mort du Roi » (VII, 321).

Une semblable dynamique, dont les alliances circonstancielles combinent la pente naturelle à la division et le calcul stratégique de l'intérêt, est aussi celle des trois *cabales* qui se partagent la cour à la veille de la mort du Roi. Le terme, remarque Saint-Simon, « dépasse ce qu'il s'agit de faire entendre » (III, 517), mais « le mot propre à ce qui se passait ne se présente pas » (III, 517). Les considérations métalinguistiques qui ouvrent ce tableau d'histoire traduisent le souci de nuance et de précision : le mémorialiste analyse en façon d'expert une situation confuse, dont il déplie les coins obscurs pour révéler la « face intérieure de la cour » (III, 524), dissimulée par l'apparence du désintéressement. Il nomme ces trois partis la *cabale des seigneurs*, celle *des ministres* et celle *de Meudon :*

> Sous les ailes de Mme de Maintenon se réunissoit la première, dont les principaux, en curée de la chute de Chamillart, et relevés par celle de Vendôme, qu'ils avoient aussi poussotté tant qu'ils avoient pu, étoient ménagés, et ménageoient réciproquement Mme la duchesse de Bourgogne, et étoient bien avec Monseigneur. [...] D'autre part, sous l'espérance que nourrissoit la naissance, la vertu et les talents de Mgr le duc de Bourgogne, tout de ce côté par affection décidée, étoit le duc de Beauvillier, le plus apparent de

> tous ; le duc de Chevreuse en étoit l'âme et le combinateur ; l'archevêque de Cambray, du fonds [*sic*] de sa disgrâce et de son exil, le pilote ; en sous-ordre, Torcy et Desmaretz, le P. Tellier, les jésuites, et Saint-Sulpice [...]. Ces deux cabales se tenoient réciproquement en respect. Celle-ci marchoit en silence, l'autre au contraire avec bruit, et saisissoit tous les moyens de nuire à l'autre. Tout le bel air de la cour et des armées étoit de son côté [...] et quantité de gens sages entraînés par la probité de Boufflers et les talents d'Harcourt. D'Antin, Madame la Duchesse, Mlle de Lillebonne et sa sœur, leur oncle, inséparable d'elles, et l'intrinsèque cour de Meudon formoient le troisième parti. Aucun des deux autres ne vouloit d'eux, l'un et l'autre les craignoient et s'en défioient ; mais tous les ménageoient à cause de Monseigneur [...][22].

Le « crayon de la cour », qui est un portrait de groupe, nous montre à mi-corps les principaux personnages de cette « guerre civile des langues » (III, 518), dont la violence est suggérée par le recours au registre de la chasse – les panneaux tendus aux proies, les chiens que l'on rameute, la curée – : une propédeutique à la bataille qu'on livrera lors de la succession, où même certains alliés devaient « s'entr'égorge[r] » (III, 524) pour le pouvoir. À la différence de la polémique, guerre de plumes et non de langues, ce sont ici la médisance, le ridicule et la calomnie qui blessent à mi-voix et tuent sans laisser de traces, armes intangibles mais affilées qu'en un autre passage Saint-Simon appelle « langues de Satan » (IV, 292) – unique occurrence du nom propre – : celles qui, noircissant le duc d'Orléans du bruit odieux d'un inceste avec la duchesse de Berry, voulaient diviser la famille royale. Il y a dans cette esquisse des cabales quelque chose de fluide, avec ses transitions rapides d'un personnage à l'autre, ceux-ci ramenés à quelques traits, qui donne le sentiment du mouvement propre à la rumeur : Renommée assourdie, elle divulgue à tire-d'aile et de ses cent bouches les secrets qu'elle croit avoir surpris. Satan ne s'incarne pas dans ces remous comme dans les grandes figures du mal, il s'y diffracte en mille éclats fugaces, agissants et insaisissables.

22 GEF, XVIII, 7-10 ; Pléiade, III, 518-519.

L'ESTHÉTIQUE DE L'OPPOSITION

Saint-Simon, on le sait, n'échappe pas à la règle du conflit qui prévaut dans son œuvre. Parlant de lui-même comme d'un « [h]omme fort sensible, et qui savait si bien aimer et haïr que je ne l'ai que trop su toute ma vie » (III, 831), transporté par la vertu, emporté contre le vice, juste et vrai dans un monde corrompu et faux face auquel il a le devoir de s'élever, il ne cache pas que son tempérament vif, bilieux, s'enflammait comme la poudre en présence de l'usurpateur, du traître, du fripon, de l'arrogant même. À propos du hautain et méprisant Brûlart de Sillery, il parle ainsi « de ces hommes qui ont tellement le don de déplaire et d'aliéner, que, dès qu'ils ouvrent la bouche, on meurt d'envie de leur dire non » (IV, 896) ; et il nous semble que cette irrépressible envie le peint, quoique la discipline du courtisan lui eût appris à se contenir. Il disait à l'inverse du délicieux Le Haguais, plein d'« un sel et d'une grâce qui ravissait », mais presque muet, qu'il avait « envie de le battre jusqu'à ce qu'il se mît à parler » (VIII, 557) : désirs d'une énergie éloquente et symétrique. Même avec ses intimes, il pratiquait volontiers l'opposition, suite nécessaire d'une solitude qu'on pourrait qualifier d'intrinsèque. Son rôle de *conseiller aulique* le mettait fréquemment dans le cas de disputer avec ses puissants amis – le chancelier de Pontchartrain, le duc de Beauvillier, le Régent surtout –, de soutenir des avis contraires aux leurs sans toujours les convaincre.

La longue amitié de Saint-Simon et de Philippe d'Orléans, avec lequel il « avait été comme élevé » (I, 20), chez qui il avait passé, dans l'orbe du Palais-Royal, « son enfance et sa première petite jeunesse[1] », jusqu'à la mort du prince survenue à Versailles le 2 décembre 1723, quelques heures après leur dernier entretien, couvre toute l'étendue des *Mémoires*, qui commencent et s'achèvent avec elle ; la complexité des deux caractères

1 Saint-Simon, *Note « Saint-Simon » des Duchés-pairies*, dans *Les Siècles et les jours*, éd. Y. Coirault, Paris, 2000, p. 777.

s'y combine à l'inégalité des rangs, au passage du temps et aux variations de la politique pour moduler la relation de conseil du premier au second, qui semble ainsi circonscrire l'unité du récit, des sources de la confiance et de la familiarité jusqu'à leur brusque cessation au terme de la vie, de la carrière et de l'œuvre, étroitement épousées. Le rythme de cette relation, familière jusqu'en 1693, relâchée puis interrompue par la débauche du prince, reprise en 1702 par ses avances et persistant depuis intime et sans lacune jusqu'à la fin, n'a donc été en tout que huit ou neuf ans suspendu, à une époque où le conseil restait encore largement sans objet. Les tête-à-tête quotidiens trouvèrent un premier usage quand le prince fut nommé général pour l'armée d'Italie, en 1706, puis en diverses occasions, mais toujours « sous cloche » (III, 346) ; ils participèrent d'une véritable stratégie politique à partir de 1710, lorsque Saint-Simon résolut de « faire rompre M. le duc d'Orléans avec Mme d'Argenton » (III, 650) sa maîtresse, pour le relever de l'abîme dans lequel il était tombé après son mot d'esprit malheureux sur Mme des Ursins et Mme de Maintenon. Trois conversations longuement rapportées préludent à cette rupture. Elles sont paradigmatiques : un tableau désolant de sa situation à la cour ayant plongé le prince dans le désarroi, Saint-Simon le prend au défaut de la cuirasse :

> [M. le duc d'Orléans] me demanda : « Que faire donc ? », comme un homme qui, après avoir profondément pensé, croit répondre sur-le-champ. Alors, voyant l'occasion si belle et si naturelle, je la saisis sans balancer. « Que faire ? répondis-je ; que faire ? » d'un ton ferme et significatif : « Je le sais bien ; mais je ne vous le dirai jamais, et c'est pourtant l'unique chose à faire. – Ah ! je vous entends bien » répliqua-t-il comme frappé de la foudre ; et, redoublant : « Je vous entends bien ! » il s'alla jeter sur un siège à l'autre bout du cabinet. Sûr à l'instant qu'il m'avait en effet entendu, étourdi moi-même du grand coup que je venais de frapper, je me retournai un peu vers la muraille pour m'en remettre moi-même, et pour lui épargner l'embarras d'être regardé dans ces premiers moments (III, 657-658).

Le conseil de Saint-Simon surgit comme la foudre et frappe d'autant plus vivement qu'il n'est pas énoncé mais déduit ; il brille comme la vérité, celle-ci à la fois tue et révélée par le silence qu'imposent apparemment le respect dû au prince et la certitude qu'elle sera rendue inutile par sa trop grande exigence : motifs spécieux, qui ne servent qu'à éperonner le duc d'Orléans. Saint-Simon excite sa curiosité par un silence adroitement ménagé, le laisse venir à lui puis force hardiment ses « retranchement[s] » (III, 673) et « embl[e] d'effort une sanglante victoire » « comme d'assaut » (III, 678). Ainsi le conseil, dans la mesure où il doit affronter une résistance et n'est pas simple orientation d'une volonté bien disposée, combine un art persuasif et une technique de combat. Les occasions vont se multiplier à l'orée de la Régence.

La plupart se solderont par des échecs du conseiller – du moins dans l'ordre des faits, car le mémorialiste, têtu mais sans illusion, affirme toujours à la fois le triomphe de ses principes et la fatale faiblesse du Régent. Ainsi lors de l'entretien à l'Opéra sur les affaires de la Constitution *Unigenitus*, après que Saint-Simon eut d'abondance parlé pour les appelants :

> je ne vis qu'un homme, convaincu à la vérité, et, de son aveu, sans réponse à pas une des raisons que je lui avois représentées, mais un homme dans les douleurs de l'enfantement. [...] [N]ous demeurâmes encore quelques moments sans pouvoir cesser cette conversation. Je la finis en disant que le nonce ne le connoissoit que trop bien quand il disoit que le dernier qui lui parloit avoit raison ; que je l'avertissois qu'il étoit veillé par des gens qu'il se croyoit affidés et qui ne l'étoient qu'à eux-mêmes, à leurs vues, à leurs intrigues, à leurs intérêts, et veillé comme [par] un oiseau de proie [...]. Il fut si bien veillé, relayé, tourmenté qu'ils l'emballèrent. [...] Je me contentai d'avoir convaincu, et puis je laissai faire, sans courir ni recommencer à raisonner avec un prince que je savois circonvenu de façon que sa facilité et sa foiblesse seroit [*sic*] incapable de résistance[2].

Avoir convaincu, c'est avoir vaincu en raison et, par une espèce de maïeutique impérieuse dont Saint-Simon a le secret, faite d'exposés véhéments suivis de longs silences, avoir laissé le Régent dans les douleurs d'une vérité dont l'accouchement sera empêché par les pouvoirs de l'ombre, ses âmes damnées. Car le duc d'Orléans est faible, aussi inconstant que le mémorialiste était d'une « suite enragée » (VI, 587). Philippe le Débonnaire, qui a tourné « en vice la suprême vertu du pardon des ennemis » (V, 235), ne se fâche d'ailleurs vraiment contre Saint-Simon que lorsque celui-ci, par deux fois seulement, l'accuse de mollesse : « [l]à-dessus il s'arrêta, se tourna à moi, rougit, se courba tant soit peu, mit ses deux poings sur ses côtés, et me regard[a] en

2 GEF, XXXI, 168-170 ; Pléiade, VI, 233-234.

vraie et forte colère » (VI, 587) ; « à ces mots, il se releva dans sa chaise, rouge de colère jusqu'au blanc des yeux, balbutiant de dépit contre moi qui lui disais, prétendait-il, des choses fâcheuses [...]. "Courage, monsieur, ajoutai-je, traitez bien vos ennemis, et fâchez-vous contre vos serviteurs. Je suis ravi de vous voir en colère, c'est signe que j'ai mis le doigt sur l'apostume ; quand on la presse, le malade crie » (V, 235-236). Mais Saint-Simon ne parviendra jamais à faire sortir le pus. L'apostume à la fin se tourna en gangrène : la volonté, la détermination disparurent tout à fait et laissèrent le champ libre à un homme qui en avait de reste : Dubois, le mauvais conseiller, que son effrénée ambition allait faire tour à tour archevêque, cardinal, premier ministre. Les dernières années, son « pouvoir sur l'esprit de son maître était sans bornes [...], en sorte qu'en grâces comme en affaires, en choses courantes comme en choses extraordinaires, il ne s'agissait plus de M. le duc d'Orléans, à qui personne, pas même aucun ministre, n'osait aller pour quoi que ce fût sans l'aveu et la permission du Cardinal, dont le bon plaisir, c'est-à-dire l'intérêt ou le caprice, était devenu l'unique mobile de tout le gouvernement. M. le duc d'Orléans le voyait, le sentait ; c'était un paralytique qui ne pouvait être remué que par le Cardinal » (VIII, 495).

Confident, conseiller, écouté, mais en vain, Saint-Simon, que la faiblesse du prince rend inutile, se présente en Cassandre, annonçant des malheurs qui ne pourront être évités. Ainsi, au premier carême de sa régence, l'« affreux scandale » des soupers, où se trouvaient chaque soir roués et maîtresses, fit craindre à son ami le terrible « détroit où il allait tomber » (V, 825) à l'égard du public : il lui proposa d'aller passer avec d'honnêtes gens les jours saints à Villers-Cotterêts pour faire cesser les « discours » (V, 826). « Il prit la proposition à merveilles [...]. Le malheur était que ce qu'il avait résolu de bon s'exécutait rarement » (V, 826) ; aussi le voyage tomba et il en arriva des impiétés « qui du côté du monde lui réussi[rent] comme je l'avais prévu » (V, 828). Saint-Simon prédit de la même façon que Dubois voudrait être cardinal, à quoi le Régent, indigné, répondit « qu'il le ferait mettre dans un cul de basse-fosse, s'il le surprenait dans une telle pensée » (VII, 755) ; puis que ce serait un grand malheur s'il devenait premier ministre, chaque fois avec le même succès. Mais il ne renoncera jamais à prêcher au désert : c'était une vocation.

L'ART DU PORTRAIT

La bile de Saint-Simon, dit-on, s'exhalait en fumée sur son crâne lorsque, « par une liberté de vieillard et de grand seigneur devenu campagnard [...], il posait sa perruque sur un fauteuil[3] ». Ce portrait saisissant, qui transpose en donnée sensible une image empruntée à la théorie des passions (*ira excandescere*), n'est pas indigne du mémorialiste : il les accroche en sa galerie ténébreuse, pleine de têtes rébarbatives ou fermées venues d'on ne sait quel bestiaire. Voyez Pussort, doyen du Conseil, avec sa « mine de chat fâché qui annonçait tout ce qu'il était [...]. C'était un grand homme sec, d'aucune société, de dur et de difficile accès » – comment ne pas trébucher sur ces dentales ? –, un vrai « fagot d'épines » (I, 357) ; ou bien Courson, fils de Bâville, « dehors et dedans un gros bœuf fort brutal » (VI, 406) ; ou encore Rouillé, procureur général, « bourru, plein d'humeur, [...] dur, d'accès insupportable, à qui les plus secs refus ne coûtaient rien » (II, 30). Et voici le duc de La Rochefoucauld, « l'*Ami du Roi* » (III, 454), « rogue en aîné des La Rochefoucaulds, qui le sont tous par nature, et par conséquent très repoussant » (III, 455) ; « rustre en toutes ses manières, très volontiers brutal » (IV, 726), « glorieux, dur, rude, farouche » (III, 455) – l'énumération multipliant autour du palindrome central les consonnes explosives, aux sonorités rauques, heurtées, rugueuses. Plusieurs de ses modèles les plus célèbres sont revêches, acariâtres. Cette « grande et grosse créature fort allante, couleur de soupe au lait, avec de grosses et vilaines lippes et des cheveux de filasse toujours sortants et traînants » est la princesse d'Harcourt : « [c]'était une furie blonde, et de plus une harpie ; elle en avait l'effronterie, la méchanceté, la fourbe et la violence » (II, 271). Elle battait ses gens, qui la quittaient sans demander leur reste. « Elle prit entre autres une femme de chambre forte et robuste, à qui dès la première journée elle distribua force tapes et soufflets. [...] [U]n matin, [celle-ci] saute sur la princesse d'Harcourt, lui donne cent soufflets et autant de coups de poing et de pied, la terrasse, la meurtrit depuis les pieds jusqu'à la tête, et, quand elle l'a bien battue à son aise et à

3 Sainte-Beuve, « Introduction », dans *Mémoires complets et authentiques du duc de Saint-Simon*, éd. Chéruel, Paris, 1856, t. I, p. XIX.

son plaisir, la laisse à terre toute déchirée et toute échevelée, hurlant à pleine tête » (II, 275). Admirons à présent Monsieur le Duc, « d'un jaune livide, l'air presque toujours furieux [...]. Sa férocité était extrême, et se montrait en tout. C'était une meule toujours en l'air, qui faisait fuir devant elle, et dont ses amis n'étaient jamais en sûreté » (III, 754), « terrible comme ces animaux qui ne semblent nés que pour dévorer et pour faire la guerre au genre humain » (III, 755), ainsi que l'éprouva le poète Santeul, son commensal : Monsieur le Duc le saoûla « de vin de Champagne, et, de gaieté en gaieté, il trouva plaisant de verser sa tabatière pleine de tabac d'Espagne dans un grand verre de vin et de le faire boire à Santeul pour voir ce qui en arriverait. Il ne fut pas longtemps à en être éclairci : les vomissements et la fièvre le prirent, et, en deux fois vingt-quatre heures, le malheureux mourut dans des douleurs de damné » (I, 419). Abominables anecdotes, vrais tableaux de Bosch. Le comte de Pontchartrain, « araignée venimeuse » (V, 745), un œil crevé par la petite vérole, avait « une physionomie fausse, rude, refrognée, qui faisait peur d'abord, mais pas tant encore qu'il en devait faire. [...] Son naturel pervers, que rien n'avait pu adoucir, perçait partout » (IV, 251), comme si la malignité perforait la peau du vilain. D'autres portraits produisent avant tout par leur rythme, par leur syntaxe, cet effet de rudesse et d'âpreté. Ainsi l'abbé Dubois, décrit par asyndètes, répétitions, anadiplose : « rien de sacré, nulle sorte de liaison respectée, mépris déclaré de foi, de parole, d'honneur, de probité, de vérité ; grande estime et pratique continuelle de se faire un jeu de toutes ces choses ; voluptueux autant qu'ambitieux, voulant tout en tout genre, se comptant lui seul pour tout, et tout ce qui n'était point lui pour rien » (VIII, 596). Ou le premier président de Harlay, « sans honneur effectif, sans mœurs dans le secret, sans probité qu'extérieure, sans humanité, même en un mot un hypocrite parfait, sans foi, sans loi, sans Dieu et sans âme, cruel mari, père barbare, frère tyran, ami uniquement de soi-même : méchant par nature, se plaisant à insulter, à outrager, à accabler, et n'en ayant de sa vie perdu une occasion » (I, 135), dépouillé de tout bien par la série des anaphores et des traits négatifs, groupés par trois ou quatre, scandés impitoyablement, claquant comme des soufflets.

L'art tant admiré du portrait chez Saint-Simon a engendré ces *peintures noires*, ces Goyas. D'autres personnages sont moins terribles, sans que pourtant leur effigie soit lisse. Les remarques pénétrantes d'Erich Auerbach sur les raccourcis syntaxiques et le désordre descriptif du mémorialiste suggéraient que ce modelé, ce façonnement de matière encore brute étaient le produit de sa hâte : sous la pression d'une mémoire surabondante, l'écriture bouscule les traits et donne au texte un jaillissement de vie[4]. Il faut aussi faire la part du caravagisme de Saint-Simon, sa recherche délibérée du contraste, constitutive non seulement de sa manière, mais de sa sensibilité et de sa vision du monde. Le célèbre croquis nocturne, commenté par le romaniste, de Madame à la mort de Monseigneur, qui « rhabillée en grand habit, arriva hurlante, ne sachant bonnement pourquoi ni l'un ni l'autre [...], et fournit un spectacle bizarre d'une princesse qui se remet en cérémonie en pleine nuit pour venir pleurer et crier parmi une foule de femmes en déshabillé » (IV, 72-73), attelle l'une à l'autre deux singularités sans grand rapport et leur fait signifier ensemble un trait du caractère de la princesse, souligne la disparate de cette scène funèbre et enchaîne sur la « [p]laisante aventure d'un Suisse », surgi au bruit d'un lit de veille, « entre deux draps, demi-éveillé et tout ébahi, très long à reconnaître son monde, qu'il regardait fixement l'un après l'autre, qui, enfin, ne jugeant pas à propos de se lever en si grande compagnie, se renfonça dans son lit, et ferma son pavillon », avant de conclure que « [l]es plus tristes spectacles sont assez souvent sujets aux contrastes les plus ridicules » (IV, 73) : maxime esthétique et morale qui définit avant tout la qualité d'un regard.

Ce qu'accomplit le portrait par cette forme structurante est la loi saint-simonienne du choc descriptif. Elle a lieu presque dans tous les cas. La chancelière de Pontchartrain est ainsi dépeinte en deux présentations très inégales, la première, flot de louanges, formant presque tout le portrait, la seconde n'étant qu'une clausule suivie d'autres éloges :

> *C'étoit une femme* d'un grand sens, sage, solide, d'une conduite éclairée, égale, suivie, unie, qui n'eut rien de bourgeois que sa figure, libérale, galante en ses présents et en l'art d'imaginer et d'exécuter des fêtes, noble et magnifique au dernier point, et, avec cela, ménagère et d'un ordre admirable. Personne [...] n'avoit [...] plus de tour et de grâces dans l'esprit. [...] Sa piété fut toujours un grand fond de vertu, qui augmenta sans cesse, qui l'appliqua aux lectures et à la prière, qui lui fit, quand elle put, embrasser toutes sortes de bonnes œuvres, et qui la rendit la mère des pauvres. Avec cela, gaie et de fort bonne compagnie [...]. *C'étoit une grosse femme* très laide, et d'une laideur ignoble

4 E. Auerbach, *Mimesis*, Paris, 1968, p. 415 *sq.*

> et grossière, qui ne laissoit pas d'avoir de l'humeur, qu'elle domptoit autant qu'il lui étoit possible. Jamais il n'y eut de meilleurs parents, ni de meilleurs amis, que ce couple [...][5].

Le contraste, à peine atténué par la pierre d'attente de la première phrase et par la relative finale, est souligné par l'anaphore ; la tragique disparité des espèces et du fond de l'être se manifeste verbalement par la coexistence des deux présentations et par l'absence entre elles de toute transition. Ici pleine de sympathie, l'antithèse confine ailleurs au mot désinvolte, comme dans le portrait de ce Torcy, « lieutenant des chevau-légers de la garde avec réputation de probité et de valeur ; du reste un fort pauvre homme. Il était riche » (VIII, 71) ; le plus souvent, à la dénonciation de l'opportunisme, comme dans les nombreux portraits charge qui opposent la hauteur à la bassesse – celui du duc de Popoli, de la princesse d'Harcourt ou du marquis de Dangeau, « très pitoyablement glorieux, et tout à la fois valet, comme ces deux choses se trouvent souvent jointes, quelque contraires qu'elles paraissent être » (VI, 279). Dans tel portrait d'exception, admirable, comme celui de la Dauphine, le clair-obscur est général, mais adouci par un *sfumato* de virtuose qui multiplie les perspectives et les nuances de concession, de réserve, les contrepoints, les oxymores :

> Douce, timide, *mais* adroite, bonne jusqu'à craindre de faire la moindre peine à personne, et, *toute* légère et vive qu'elle étoit, très capable de vues et de suite de la plus longue haleine ; la contrainte jusqu'à la gêne, dont elle sentoit tout le poids, *sembloit* ne lui rien coûter. [...] *Régulièrement laide*, les joues pendantes, le front trop avancé, un nez qui *ne disoit rien*, de grosses lèvres mordantes, des cheveux et des sourcils châtains bruns fort bien plantés, des yeux *les plus parlants* et les plus beaux du monde, peu de dents et toutes pourries, dont elle parloit et se moquoit la première, le plus beau teint et la plus belle peau, peu de gorge *mais* admirable, le cou long avec un soupçon de goître qui ne lui seyoit point mal, un port de tête galant, gracieux, majestueux, et le regard de même, le sourire le plus expressif, une taille longue, ronde, menue, aisée, parfaitement coupée, une marche de déesse sur les nuées[6].

La loi du contraste s'accomplit autrement dans les parallèles, un exercice rhétorique que ne dédaigne pas Saint-Simon. Ainsi le caractère en diptyque de Pezé et Nangis, qui amplifie sur trois pages la phrase

5 GEF, VI, 283-285 ; Pléiade, I, 639 (nos italiques).

6 GEF, XXII, 280-281 ; Pléiade, IV, 402 (nos italiques).

initiale : « Celui-ci, porté haut sur les ailes de l'amour et de l'intrigue, déchut toujours ; celui-là, avec peu de secours, mais par les plus grands talents, monta toujours » (VII, 516) ; ou la « comparaison des ducs de Chevreuse et de Beauvillier » (IV, 863), qui décline plaisamment un contraste pratique entre ces deux hommes par ailleurs si unis : « En effet rien de plus opposé que le désordre et le bon état des affaires de l'un et de l'autre [...] ; que l'austérité de la sobriété de l'un, et l'ample nourriture de l'autre [...] ; la précision jusqu'à une minute des heures de M. de Beauvillier [...], et l'incurie de M. de Chevreuse de se faire toujours attendre [...] ; enfin l'exactitude de l'un à tout faire et finir avec justesse, tandis que l'autre faisait sans cesse, et paraissait ne jamais finir. Aussi M. de Beauvillier, qui voulait le bien en tout, s'en contentait, et M. de Chevreuse, qui cherchait le mieux, manquait bien souvent l'un et l'autre » (IV, 864). Enfin l'opposition est diachronique et de grande portée dans le duc de Bourgogne, chez qui elle est métamorphose. Au contraire des rois ses aïeux – Louis XIII qui avait fait l'enfant jusqu'à la chute de Concini, son fils qui s'est montré tel qu'en lui-même après la mort de Mazarin –, le Dauphin ne se révèle pas au moment voulu par une épiphanie, car il n'incarne en rien la vertu royale de dissimulation. Sa transformation intérieure, exigeante, progressive, est une victoire sur lui-même. Il faut citer longuement l'éloge funèbre pour en apprécier la profondeur :

> Ce prince [...] naquit terrible, et sa première jeunesse fit trembler. Dur et colère jusqu'aux derniers emportements, et jusque contre les choses inanimées ; impétueux avec fureur, incapable de souffrir la moindre résistance, même des heures et des éléments, sans entrer en des fougues à faire craindre que tout ne se rompît dans son corps ; opiniâtre à l'excès ; passionné pour toute espèce de volupté, et des femmes, et, ce qui est rare à la fois, avec un autre penchant tout aussi fort. Il n'aimoit pas moins le vin, la bonne chère, la chasse avec fureur, la musique avec une sorte de ravissement, et le jeu encore, où il ne pouvoit supporter d'être vaincu, et où le danger avec lui étoit extrême. Enfin, [...] souvent farouche, naturellement porté à la cruauté ; barbare en railleries et à produire les ridicules avec une justesse qui assommoit. De la hauteur des cieux il ne regardoit les hommes que comme des atomes avec qui il n'avoit aucune ressemblance, quels qu'ils fussent. [...] Tant d'esprit, et une telle sorte d'esprit, joint à une telle vivacité, à une telle sensibilité, à de telles passions, et toutes si ardentes, n'étoit pas d'une éducation facile. Le duc de Beauvillier, qui en sentoit également les difficultés et les conséquences, s'y surpassa lui-même par son application, sa patience, la variété des remèdes. [...]

> Mais Dieu, qui est le maître des cœurs, et dont le Divin Esprit souffle où il veut, fit de ce prince un ouvrage de sa droite, et, entre dix-huit et vingt ans, il accomplit son œuvre. De cet abîme sortit un prince affable, doux, humain, modéré, patient, modeste, pénitent, [...] humble et austère pour soi. [...] Avec tant et de si grandes parties, ce prince si admirable ne laissoit pas de laisser voir un recoin d'homme, c'est-à-dire quelques défauts, et quelquefois même peu décents ; et c'est ce qu'avec tant de solide et de grand on avoit peine à comprendre, parce qu'on ne vouloit pas se souvenir qu'il n'avoit été que vice et que défaut, ni réfléchir sur le prodigieux changement, et ce qu'il avoit dû coûter [...][7].

L'anthropologie morale volontiers fixiste des classiques trouve un puissant correctif dans une pédagogie attentive, inventive, de longue haleine et soutenue par la foi, que justifiaient le rang et les dons de l'élève. Le duc de Bourgogne, plongé dans la nature déchue – orgueil, colère, luxure, gourmandise –, sera rédimé par l'œuvre de Dieu et de ses ministres : Beauvillier, gouverneur du prince, et Fénelon, qui fut dix ans son précepteur, avec quelques appuis. Saint-Simon date de la fin du préceptorat l'accomplissement de la métamorphose par la grâce et par le travail, l'inversion du vice en vertu et du défaut en plénitude, de ce prince retourné comme un gant, avec à peine un *recoin*, subsistant comme une signature, d'imperfection inhérente à l'homme. Si l'estime affectueuse du mémorialiste pour Beauvillier ne fait aucun doute, son regard sur Fénelon est ambigu et associe l'admiration à la méfiance. Le brillant portrait qu'il lui consacre à sa mort peint un prélat amibitieux, que ses talents si rares, si élevés, et son « autorité de prophète » (V, 145) auraient rendu redoutable au Conseil ; un homme possédé par la passion de plaire, avec, écrit-il en de puissantes formules, « des yeux dont le feu et l'esprit sortaient comme un torrent, et une physionomie telle que je n'en ai point vu qui y ressemblât, et qui ne se pouvait oublier quand on ne l'aurait vu qu'une fois. Elle rassemblait tout, et *les contraires ne s'y combattaient pas*. Elle avait de la gravité et de la galanterie, du sérieux et de la gaieté ; elle sentait également le docteur, l'évêque et le grand seigneur [...]. Il fallait faire effort pour cesser de le regarder. [...] [O]n ne pouvait le quitter, ni s'en défendre, ni ne pas chercher à le retrouver » (V, 144-145, nos italiques). Et comment en eût-il été autrement ? puisqu'en lui seul les contraires ne se combattaient pas : l'eau et le feu

7 GEF, XXII, 305-322 ; Pléiade, IV, 413-421.

de l'homme, réunis dans l'image du torrent, s'épousant dans une harmonie incompréhensible et qui subjuguait. Ainsi, celui qui a renversé le duc de Bourgogne en un prince opposé, qui, dans la chrysalide du *Télémaque*, l'a transformé en son contraire, cet homme, Fénelon, était lui-même exempt de tout contraste, échappant à la loi commune tel le Législateur de Rousseau, qui, de ce fait, pouvait seul être instituteur du genre humain.

LES SINGULIERS[8]

Cette particularité unique de Fénelon est, au sens le plus fort, singularité. Aussi ce terme distinctif ne manque-t-il pas de surgir sous la plume du mémorialiste pour justifier l'étendue du portrait : « la singularité de ses talents, de sa vie, de ses diverses fortunes, la figure et le bruit qu'il a fait dans le monde, m'ont entraîné » (V, 151). De semblables formules viennent ouvrir ou clore ceux qu'il consacre à nombre d'autres personnages : son ami le duc de Coislin, « homme si singulier que je ne puis me refuser d'en rapporter quelques traits » (II, 238) ; le duc d'Albe (II, 401), le marquis de Vervins, dont l'« étrange sorte de vie [était] si uniquement singulière que j'ai voulu la rapporter » (II, 514) ; Ninon de Lenclos (II, 636), le prince de Condé (III, 420), Pontchartrain (IV, 253), le cardinal de Bouillon (V, 173), l'abbé d'Entragues, dont la singularité « mérite de n'être pas oubliée » (VII, 574) ; la marquise d'Alluye (VII, 653), le duc del Infantado (VIII, 83), le duc de Lauzun (VIII, 643). À la lecture de ces pages, il semble que la singularité relève pour Saint-Simon non seulement de l'inoubliable, qui se grave dans le souvenir individuel, mais du mémorable, qui doit être transmis à la postérité ; ni contingente ni adventice, elle appartiendrait à l'essence

8 Certaines des pages qui suivent ont fait l'objet de premières esquisses dans divers articles : F. Charbonneau, « La singularité est-elle une catégorie du mémorable ? L'exemple de Saint-Simon », dans *L'expression de l'inoubliable dans les Mémoires d'Ancien Régime*, éd. J. Garapon, Nantes, 2005, p. 167-176 ; F. Charbonneau, « L'être à l'écart. Situation du sujet dans les *Mémoires* de Saint-Simon », dans *Narrarting the Self in Early Modern Europe*, éd. B. Tribout et R. Whelan, Berne, 2007, p. 193-209 ; et F. Charbonneau, art. « Coislin », dans *Tout Saint-Simon*, dir. M.-P. de Weerdt-Pilorge, M. Hersant et F. Raviez, Paris, 2017, p. 170-172.

du genre historique, dont la fonction est de fixer pour l'avenir la vérité (*alêtheia*) de ce qui s'est produit, d'arracher à l'oubli (*lêthê*) collectif les faits investis d'une certaine dignité, d'une portée intéressant le prince ou la cité, les peuples, voire le genre humain. L'histoire y prend un caractère général, impersonnel, aux antipodes apparemment de cette singularité « qui ne se pouvait oublier quand on ne l'aurait vu[e] qu'une fois » (V, 144). Un tel paradoxe trouve dans la sémantique un éclairage qui en réduit la part d'ombre.

À l'origine et dans un premier ordre d'idées, est singulier ce qui concerne un seul individu, comme en grammaire, « ce qui est seul, qui est à part, hors de comparaison » (Furetière). Cet emploi objectif, qui peut prendre une nuance méliorative, se double à l'âge classique d'un sens second plus ambigu, car ce qui est singulier ne ressemblant point aux autres signifie également « contre l'usage commun » (Trévoux 1704), et de là « bizarre, capricieux, affectant de se distinguer » (Académie 1694). La singularité révèle ainsi une emprise grandissante de la norme en matière de mœurs et d'idées à mesure que le processus rationalisant de civilisation multiplie les contraintes de pensée et de comportement. La singularité devient l'expression d'un dérèglement, orgueil ou déraison, elle appelle un regard non plus admiratif du phénomène unique, mais critique et réprobateur ; elle devient une espèce de stigmate.

Comme une majorité de mémorialistes, Saint-Simon note ce qui est su de peu de gens et donne du prix à son témoignage. Ce sont des singularités du premier ordre, de ces « choses qu'on ne trouve point ailleurs » (Trévoux 1704) sans qu'elles soient forcément insolites. Mais par une sorte d'attraction qui fait dévier son regard et dériver le sens, cette singularité objective s'efface assez souvent chez lui derrière la singularité subjective, bonne ou mauvaise ; les singuliers, dans ses *Mémoires* convertis en *Wunderkammer*, sont des curiosités, des excentriques qui ne veulent ou ne peuvent se plier aux normes, mais qui manœuvrent de manière à échapper à l'exclusion. Ils se tiennent à la frontière de l'acceptable, dans un espace limitrophe, à la jonction du judiciaire, du médical et du moral. La plupart sont fréquentables, quelques-uns même sont dignes d'estime ; se tenant à l'écart de la norme sans vraiment la rejeter, en une contorsion par laquelle ils sauvent ce qu'il y a en eux d'irréductible, ils illustrent la vertu de résistance et le refus d'être asservi. C'est en cela qu'ils appartiennent au mémorable : Saint-Simon nous les présente souvent comme des exemples de fidélité à soi. Réunis en collection, en *memorabilia*, ils permettent au mémorialiste de dépasser la seule particularité des individus qu'il décrit pour énoncer quelque chose de général qui appartient à l'histoire, à l'époque, à propos du nivellement social, de la chape des usages, de la surveillance exercée sur tout un chacun, du contrôle des corps et des âmes. L'axiologie saint-simonienne, à défaut d'être univoque, confère à ces singuliers un surplus d'être.

Dans la « population saint-simonienne[9] », selon l'expression de Le Roy Ladurie, qui compte environ deux mille âmes, ils sont une centaine et fort inégalement répartis : plus nombreux dans les premiers volumes, ils se clairsèment dans les derniers. Cependant le lexique qui les désigne n'est pas fixé d'emblée et s'il y en a toujours environ un quart que Saint-Simon choisit de ne pas caractériser explicitement par ce terme – lui préférant par exemple celui d'extraordinaire –, cette proportion monte à la moitié pour le premier tome. Ainsi le phénomène de la singularité, qui s'est peut-être imposé à lui d'abord à son insu, arrête peu à peu son regard : des *fées* comme les duchesses de Gesvre et de Lesdiguières, quelques maniaques aussi comme Mélac finissent par prendre ce nom de singuliers qu'ils n'avaient pas d'abord. « Il y a dans les cours des personnages singuliers », remarque-t-il, « [t]el fut Cavoye toute sa vie » (I, 275) ; de même, Langlée, « espèce d'homme fort singulier dans une cour » (I, 704), ou son frère, « singulier ecclésiastique » (VI, 496), car il y a des familles marquées par la singularité. Phélypeaux du Verger, de la branche de La Vrillière et qui terminera sa carrière gouverneur général des Indes occidentales, était « particulier et fort singulier, d'un commerce charmant quand il voulait plaire et qu'il se plaisait avec les gens, d'ailleurs épineux, difficile, avantageux et railleur » (II, 463) ; est-ce donc fortuit s'il avait pour cousin Jérôme Phélypeaux de Pontchartrain, « hérissé de difficultés » (IV, 252) sans que cela fût d'ailleurs compensé par aucun charme, que le mémorialiste haïssait et qu'il décrit longuement pour la « singularité d'un si détestable caractère » (IV, 253) ? D'autres cas ne souffrent aucun doute. Les Hamilton, « frères de la comtesse de Gramont, [...] étaient fort mêlés dans la meilleure compagnie de notre cour ; ils étaient pauvres et avaient leur bon coin de singularité » (III, 94). De même les Mortemart, si connus

9 E. Le Roy Ladurie et J.-F. Fitou, « Notes sur la population saint-simonienne », *Cahiers Saint-Simon*, n°13, 1985, p. 49-55.

par leur esprit : l'abbesse de Fontevreault, « personnage extrêmement singulier », et ses aînés le maréchal-duc de Vivonne et les marquises de Montespan et de Thianges ; celle-ci avait eu trois enfants : le marquis de Thianges, « si particulier, si singulier, qu'il vécut toujours à part » (III, 66) ; la duchesse Sforza, qui avait hérité « ce langage singulier dont j'ai parlé plus d'une fois » (V, 256) ; et la duchesse de Nevers, dont l'époux même « était en tout extrêmement singulier » (II, 902), car la singularité s'étend aux alliances. Ainsi le maréchal-duc de Vivonne, « l'homme le plus naturellement plaisant, et avec le plus d'esprit et de sel et le plus continuellement » (III, 366), avait épousé Antoinette de Mesme, « dont la singularité était digne de s'allier aux Mortemarts » (III, 365). Mais peut-être les Cambout-Coislin sont-ils à cet égard encore plus remarquables, car ils sont singuliers différemment, d'une manière si complète qu'on ne saurait trouver d'uniformité dans leur bizarrerie. Armand du Cambout, premier duc de Coislin, apparaît sinon comme la source, du moins comme le foyer rayonnant de cette singularité dont Saint-Simon a recueilli les éclats. Il était « d'une politesse si excessive qu'elle désolait [...] [et], avec tant de bonnes qualités qui lui conservèrent toujours une véritable considération, et de la distinction du Roi, un homme si singulier que je ne puis me refuser d'en rapporter quelques traits » (II, 238). Son frère le chevalier, « rustre cynique et chagrin tout opposé à lui » (II, 239), était lui-même « fort extraordinaire, fort atrabilaire et fort incommode » (I, 595). Il mourut sans postérité, mais Armand eut deux fils : l'aîné « était un homme de beaucoup d'esprit, extraordinaire au dernier point, et qui se divertissait à le paraître encore plus qu'il ne l'était en effet ; plaisant en sérieux et sans chercher à l'être, toujours salé, fort amusant, méchant aussi et dangereux, qui ne se refusait rien » (III, 786) ; quant au cadet, l'abbé, c'était un « petit homme court et gros, singulier au dernier point, d'une figure comique, et de propos à l'avenant et souvent fort indiscrets, mêlé pourtant avec la meilleure compagnie de la cour qu'il divertissait en se divertissant le premier ; avec cela, dangereux et malin, et un fort médiocre prêtre » (I, 384) ; nonobstant quoi, devenu évêque de Metz, il fut dans la suite de sa vie, « toujours singulière parce qu'il l'était beaucoup » (II, 652), appliqué à son diocèse et confit en bonnes œuvres.

L'hérédité et les traits familiaux ne sont pas les seuls modes de regroupement des singuliers. Si paradoxal que cela paraisse, ceux-ci se présentent souvent ensemble à la mémoire de Saint-Simon, ressortant comme des grappes de couleur dans la grisaille. Après avoir annoncé la mort de l'évêque de Viviers, dont il précise qu'il ne parlerait pas « sans la singularité de l'homme » (IV, 590), il note que « [c]ela [l]e fait souvenir d'une singularité d'un autre genre » (IV, 591), avant d'enchaîner sur Desmarets, archevêque d'Auch. L'un et l'autre avaient longtemps vécu à Paris dans des hôtels garnis ; mais alors que le premier, riche de ses rentes, « écrivait toute la nuit jusqu'à épuiser plusieurs secrétaires » (IV, 590) des lettres inutiles sur le Languedoc adressées à Bâville, qui en était l'intendant, le second, « depuis assez longtemps aux emprunts pour vivre » (IV, 591), n'ouvrait jamais son courrier, dans lequel on finit par découvrir pour cent cinquante mille livres de lettres de change « dans l'ignorance desquelles il mourait de faim » (IV, 591). Le contrepoint est ailleurs parallèle, comme entre Mme de Maintenon et Mlle Choin, « ces deux si singulières personnes [qui] s'étaient comme ignorées » (III, 488) jusqu'à leur alliance contre Chamillart, la singularité étant ici de situation plus que de caractère. Ailleurs encore il est affinité, attraction, comme entre Fénelon et Mme Guyon, dont le « sublime s'amalgama » (I, 252) ; celle-ci termina pourtant sa vie « sans aucune singularité, comme elle n'en montrait plus depuis ces derniers exils » (VI, 344), par quoi l'on peut suspecter que la sienne était extérieure, au contraire de son illustre ami.

Il y a dans la singularité des degrés de profondeur et d'intensité, qui définissent plus ou moins radicalement les êtres, car au bout du compte les portraits déterminent des identités. Or le surplus d'être que Saint-Simon semble accorder aux singuliers ne vaut que pour la singularité vraie, essentielle, distinguant l'individu par-delà la position ou la pose, révélant quelque chose d'étrange qui persiste dans les accidents, comme chez Courcillon, cet « original sans copie » (III, 747), si « singulier qu'une cuisse en moins n'avait pu attrister, qui, par [...] son état mutilé, s'était mis sur le pied de tout dire et de tout faire, et qui en faisait d'inouïes avec beaucoup d'esprit » (VII, 495) ; il est vrai qu'il « ne valait rien » (VII, 495), mais la débauche qui lui vaut cette condamnation relève de la morale, alors que sa singularité est ontologique. Sans doute, certaines attitudes excentriques sont en partie prévues par la médecine : la bizarrerie de La Vauguyon, dont les comportements de plus en plus délirants sont décrits par un Saint-Simon nosologiste, relève peut-être de la manie[10] ; et que penser de celle de Brienne, « l'homme de la plus grande espérance de son temps en son genre » (I, 471) ? La mort de sa femme l'affligea tellement qu'il « se jeta dans les Pères de l'Oratoire et s'y fit prêtre. Dans les suites il s'en repentit : il écrivit des lettres, des élégies, des sonnets beaux et pleins d'esprit, et tenta tout ce qu'il put pour rentrer à la cour et en charge. Cela ne lui réussit pas ; la tête se troubla » (I, 471-472). Est-ce acédie ? mélancolie ? Et les visions de La Châtre chargeant des ennemis imaginaires, « avec un air égaré, empressé, turbulent, qui le faisait éviter mais qu'il soutint, et qui ne le séquestra point du monde ni même de la cour » (III, 335) ? Il est vrai que le mémorialiste n'emploie pas pour eux le terme singulier, mais il ne l'emploie pas non plus pour le duc de Medina-Sidonia, homme d'esprit et de lecture qui avait « la folie d'aller dans les boucheries faire le métier de boucher, et [un] attachement à son sens et à ses coutumes que rien ne pouvait vaincre » (II, 68) ? Or Medina-Sidonia le méritait certainement, comme quelques-uns de ses compatriotes, l'Amirante de Castille, les ducs d'Infantado, de Mancera, ou d'Albe, celui-ci étant demeuré couché jusqu'à sa mort sur le côté droit à la suite d'un vœu qu'il avait fait pour retrouver sa maîtresse enfuie, car ce sont présisément ces obstinations qui signalent le plus clairement la singularité. La déraison aliène, altère ; la singularité préserve, s'entête, s'*aheurte* – elle est choc de l'être et du monde qui prétend la faire plier, changer de vêtement, de régime, de siège ou d'idée. Ainsi l'économiste Boisguilbert : il vint rencontrer Pontchartrain, alors Contrôleur général des finances, pour lui présenter un projet de réforme fiscale « et, comme son esprit vif avait du singulier, il lui demanda de l'écouter avec patience, et tout de suite lui dit que d'abord il le prendrait pour un fou, qu'ensuite il verrait qu'il méritait attention [...]. Pontchartrain, [...] qui était tout salpêtre, se mit à rire, lui répondit brusquement qu'il s'en tenait au premier, et lui tourna le dos » (II, 881). Le ministre n'a pas la patience qui aurait démêlé les espèces, la folie d'avec la singularité ; mais le mémorialiste, qui a le temps pour lui, poursuit en écrivant que Boisguilbert « ne se rebuta point du mauvais succès de son voyage ; il n'en travailla que plus infatigablement à son projet [...]. De ce travail naquit un livre savant et profond sur la matière, dont le système allait à une répartition exacte, à soulager le peuple de

10 « Resverie avec rage & fureur sans fievre, qui provient d'une humeur atrabilaire engendrée par adustion de la bile, de la melancolie ou du sang » (Furetière, s.v.).

tous les frais qu'il supportait et de beaucoup d'impôts » (II, 881). Alors que la folie s'égare, la singularité persévère ; et cela devait plaire au mémorialiste. Saint-Simon, dont le Roi disait qu'il était « quelquefois extraordinaire » (III, 916) et que le Régent qualifia d'« immuable comme Dieu » et « d'une suite enragée » (VI, 587), Saint-Simon lui-même est-il si différent des singuliers qu'il collectionne ? Saisi dans le regard d'autrui, ne joint-il pas la cohorte bigarrée des Coislin, Clérambault ou Lauzun ? chacun d'entre eux buté sur quelque chose à quoi il tient sans en démordre – Coislin, sa politesse ; la maréchale de Clérambault, son silence et son masque ; Lazun, sa charge perdue de capitaine des gardes, avec « tous les ans une sorte d'anniversaire de sa disgrâce par quelque chose d'extraordinaire, dont l'humeur et la solitude était [*sic*] le fond, et souvent quelque extravagance le fruit » (VIII, 635) –, chacun fixé en un point de son esprit avec lequel il en vient à se confondre, point aveugle et parfois invisible, manifeste par des bizarreries qui sont les contorsions de la fidélité à soi, incompréhensibles et cocasses pour quiconque n'en a pas la clef. Ne perdant ce point jamais de vue ni de tact, les singuliers font mine de se déplacer et s'étirent sans bouger. Bouchu, intendant du Dauphiné qui allait être rappelé pour ses exactions, préféra demander lui-même à quitter cette place qu'il aimait pour rentrer dans celle de conseiller d'État, dont il n'avait cure. « Il partit pour ce retour le plus tard qu'il lui fut possible, et s'achemina aux plus petites journées qu'il put. Passant à Paray, terre des abbés de Cluny assez près de cette abbaye, il y séjourna. Pour abréger, il y demeura deux mois dans l'hôtellerie. *Je ne sais quel démon l'y fixa* ; mais il y acheta une place, et, sans sortir du lieu, il s'y bâtit une maison, s'y accomoda un jardin, s'y établit, et n'en sortit jamais depuis » (III, 587, nos italiques). L'« étrange singularité » (III, 586) de cette fin immobile est un emblême.

AU PRÉTOIRE

Il arrive que des singuliers se heurtent par leurs agissements à la rigueur des règles et fassent l'objet de lettres de cachet – Lauzun à Pignerol, l'abbé d'Entragues à la citadelle de Lille – ; il arrive aussi qu'ils soient parties dans des procès. Ainsi le marquis de Vervins, sans nulle raison « confin[é] dans une terre en Picardie [...] et, ce qui est incompréhensible, sans bouger de son lit que le temps de le faire faire [...], y travaillait en tapisserie » (II, 514) depuis le matin jusqu'au soir, « persévér[ant] jusqu'à la mort dans cette étrange sorte de vie » (II, 514), où, persécuté de ses cousins de Grandpré, il eut contre eux des procès qu'il gagna tous. La France d'Ancien Régime était procédurière : les nobles y naissaient souvent avec sur les bras des affaires de rang, d'héritage ou de titres qui à leur mort n'étaient pas toujours résolues. Son parti pris de se marier, Saint-Simon reçut ainsi de sa mère « un état bien vrai et bien exact de [s]on bien et de [s]es dettes, des charges et des procès qu[’il] avai[t] » (I, 115). C'est du reste l'un d'eux qui surplombe l'entrée de Saint-Simon en écriture, cette même année, à dix-neuf ans. Le jeune mestre de camp de cavalerie avait passé le mois de juillet 1694 au camp de Gimsheim « sur le Vieux-Rhin, en l'armée commandée par le maréchal de Lorges » (I, 20). Le temps ne lui manquait pas pour lire de ces Mémoires particuliers qu'il affectionnait et dont il fera toute sa vie collection ; il prit tant de plaisir à la lecture de ceux du maréchal de Bassompierre qu'ils lui « firent naître l'envie d'écrire aussi ceux de ce qu[’il] verrai[t], dans le désir et dans l'espérance d'être de quelque chose, et de savoir le mieux qu[’il] pourrai[t] les affaires de [s]on temps » (I, 20). Ce double désir de savoir et d'être par l'observation attentive et par l'écriture apparaît de la sorte non comme un substitut tardif à l'action – selon la topique des Mémoires –, mais comme prélude et préparatif, propédeutique à la carrière que complètera bientôt le travail avec Beauvillier et Pontchartrain. Et quelle est donc l'affaire qui sollicite alors la primeur de sa plume, sinon le procès de préséance intenté l'hiver précédent, « qui joignit les années 1693 et 1694[11] », par le maréchal de Luxembourg contre seize pairs de France ses anciens ? Quelques années plus tard, le 29 mars 1699, Saint-Simon consultera l'abbé de Rancé pour savoir quelle règle adopter afin de « dire toujours la vérité sans blesser [s]a conscience[12] ». Il lui envoie, afin qu'il puisse juger sur pièce, un morceau de ces « espèces de Mémoires de ma vie qui comprenaient tout ce qui a un rapport particulier à moi et aussi un peu

11 *Relation du procès intenté pour la préséance par M. le maréchal-duc de Luxembourg, pair de France, contre seize ducs et pairs ses anciens, faite par l'un de ses anciens*, dans *Mémoires*, I, p. 885.

12 Saint-Simon, « À l'abbé de Rancé », 29 mars 1699, dans *Les siècles et les jours*, *op. cit.*, p. 25.

en général et superficiellement une espèce de relation des événements de ces temps, principalement des choses de la cour[13] » et choisit cette *Relation du procès* opposant les pairs à M. de Luxembourg, qui est « ce qu'il y a de plus âpre et de plus amer[14] » en ses portefeuilles : sa dure entrée dans la vie adulte.

La rédaction finale des Mémoires fait s'emboîter les premières campagnes militaires du vidame de Chartres, âgé de seize à dix-huit ans, et la mort du duc Claude le 3 mai 1693, par laquelle il hérite son titre et ses gouvernements ; de retour de l'armée en cette fin d'année, le jeune duc achète un régiment de cavalerie et entreprend de se marier. Nous sommes au début de 1694 : sa demande infructueuse au duc de Beauvillier, sa retraite à la Trappe et le début du procès s'enchaînent sans interruption ; Saint-Simon vient d'avoir dix-neuf ans. Ce procès l'occupera jusqu'au jugement de 1696, et véritablement jusqu'à la promulgation de l'édit sur les duchés-pairies en 1711, à la préparation duquel il prendra part et qui mettra un terme à la querelle. Le mémorialiste explique les sources et les enjeux de cette affaire, à ses yeux « l'une des plus importantes aux parties, à l'autorité royale et à tout l'État même qui ait peut-être eu lieu depuis ces derniers siècles[15] », car elle concernait les règles qui prévalaient dans la transmission des duchés-pairies, emportant avec elle le fonctionnement de la monarchie. Sa dignité, et ses prérogatives en déshérence, l'avaient toujours intéressé : « dès ma première jeunesse, [...] je m'étais continuellement appliqué à m'en instruire des vieux ducs et duchesses les plus de la cour de leur temps, et les mieux informés » (IV, 299). Il n'avait toutefois pas de formation juridique. À la rude école du prétoire, Saint-Simon s'est familiarisé avec ses compairs ; il a aussi appris à connaître les magistrats et s'est instruit du droit civil. L'inventaire notarié des livres du vidame de Chartres, dressé à la mort de son père, ne comporte qu'un titre touchant ses droits, un *Traité de la Noblesse*, sans doute celui d'André de la Roque, qui faisait alors autorité ; héritage ou achat, il acquit par la suite deux douzaines d'ouvrages de droit et de jurisprudence : recueils d'édits, d'ordonnances et d'arrêts, mais aussi *De l'Esprit des Lois* et la *Défense de l'Esprit des Lois* de Montesquieu, des œuvres de Pufendorf, de Grotius et de Mably, de Jean Domat et

13 *Ibid.*, p. 26.
14 *Ibid.*, p. 25.
15 Saint-Simon, *Relation du procès*, *op. cit.*, p. 885.

de Charles Loyseau, entre autres les traités que celui-ci avait publiés à propos des offices, des seigneuries et des ordres et simples dignités, de Guy Coquille enfin, et surtout son *Traité des pairs de France.* Mais c'est dans son cabinet de manuscrits qu'on trouve les marques les plus claires de son étude du droit public français et plus spécifiquement du droit de la noblesse et de la pairie : l'histoire alors inédite *De la pairie de France* de Jean Le Laboureur, un volume de *traité de la noblesse*, trois volumes de *mémoires sur les ducs et pairs*, deux volumes sur les *pairies de France*, un portefeuille sur les procès criminels intentés aux pairs, quatre sur les réceptions et séances des pairs au Parlement, neuf sur les érections de pairies, quatre sur la querelle de préséance entre les ducs de Saint-Simon et de La Rochefoucauld, et trois sur le procès de préséance du maréchal de Luxembourg, sans compter les traités dus à Saint-Simon lui-même[16]. Des milliers de folios font ainsi pièce en différé aux prétentions du maréchal et répondent par la forme à la *difformité* des magistrats. La « conduite inique » (I, 144) du premier Président de Harlay, qui voulait « étrangler » (I, 145) les ducs, le factum clandestin du maréchal de Luxembourg, où on « trouva quantité de faits faux, plusieurs tronqués, et un éblouissant tissu de sophismes » (I, 145) conduisirent à la fin à la récusation du juge. « La rage qu'il en conçut ne se peut exprimer, et, quelque grand comédien qu'il fût, il ne la put cacher. Toute son application depuis ne fut plus que de faire tout ce qu'il pourrait contre nous : le reste de masque tomba, et la difformité du juge parut dans l'homme à découvert » (I, 286). À la reprise du procès sous le président de Maisons, l'avocat du duc de Luxembourg – celui-ci ayant succédé à son père le maréchal, mort en 1695 – tâcha de faire croire lors d'une audience que le Roi s'intéressait pour son client et appliqua aux ducs « en propres termes ce passage de l'Écriture : *Populus hic labiis me honorat; cor autem eorum longe est a me* [...]. Je m'élançai dehors [de la lanterne] criant à l'imposture, et justice de ce coquin » (I, 288); mais les magistrats, après avoir délibéré et malgré les conclusions de l'avocat général, prononcèrent un arrêt « qui donna gain de cause à M. de Luxembourg sur l'érection de 1662 et l'appointa sur celle de 1581 : tellement qu'il se trouva par là au même état qu'était son père. Nous eûmes peine à entendre un arrêt si injuste » (I, 290). Ce paradoxal apprentissage de l'injustice, dans l'enceinte même du tribunal, poussa Saint-Simon à se

16 P. Hourcade, *op. cit.*, *passim.*

doter de compétences exceptionnelles pour un homme de son rang, au point que le Régent put lui demander en 1720 d'accepter les Sceaux. Il ne faut pas le croire quand il répond qu'étant homme d'épée il ne sait ni ne peut savoir « un mot de lois » (VII, 671), alors que les *Mémoires* fournissent maint exemple de sa maîtrise des enjeux juridiques[17]. Le Régent d'ailleurs ne se paya pas de cette formule et insista deux jours durant. Bien sûr, Saint-Simon n'était pas juriste et il est sans doute vrai qu'il ignorait les « éléments » (VII, 677) du métier, mais ami du chancelier de Pontchartrain depuis plus de vingt ans, et ayant travaillé avec lui en sous-main, il avait acquis par sa fréquentation certaine expérience législative, peut-être complétée par ses relations étroites dans le milieu de la robe, avec Chamillart par exemple, ou son ami Le Guerchois.

Spécialiste reconnu des droits et des devoirs de la pairie comme office politique et juridique – n'y ayant « que les pairs assesseurs et conseillers-nés de la couronne et des rois, *laterales regis*, qui eussent droit de délibérer sur des affaires d'État » (VII, 215), celle des renonciations à la couronne par exemple, comme de juger les causes majeures dans un parlement promu par là cour des pairs –, Saint-Simon dut constater lors de l'affaire Luxembourg la difficulté pratique d'être partie dans un procès et de présenter un front uni à l'adversaire. L'affrontement avec le maréchal et son fils se doubla bientôt de la dissension des ducs entre eux, par « ce qui se pouvait attendre d'une si grande diversité d'esprits et d'humeurs » (I, 137). Ainsi, « M. de Chevreuse avait toujours eu dans la tête l'ancien rang de Chevreuse [...] [ce] qui l'égara de son intérêt de duc de Luynes commun avec le nôtre, et l'unit à celui de M. de Luxembourg » (I, 136) ; et M. de Bouillon fit de même à cause de sa « chimère » (I, 137) de l'ancien rang d'Albret et de Château-Thierry. Et ce fut bien pire lorsqu'il s'agît de récuser le président de Harlay, qui tâcha de séduire les ducs par quelques émissaires et de les convaincre que le cœur était pour eux. « MM. de Chaulnes, de La Rochefoucauld et de La Force s'infatuèrent de ce piège, et opinèrent fortement à y donner. MM. de La Trémoille, de Rohan et moi ne prîmes point un si dangereux change : nous remîmes aux yeux de ces Messieurs toutes les injustices et quelque chose de pis, que nous avions essuyées du premier président [...]. Nous n'étions que nous six ce jour à l'assemblée, et trois contre trois ne purent se persuader l'un l'autre. Elle se rompit donc, sans rien

17 Voir C. Blanquie, *Saint-Simon ou la politique des* Mémoires, Paris, 2014, p. 207.

conclure, un peu tumultuairement, et M. de La Trémoille déclara en sortant qu'il protestait et protesterait contre l'opinion des autres trois, et que, pour éviter des querelles inutiles et personnelles, il cesserait de se trouver aux assemblées » (I, 211). Chez Saint-Simon, le nombre est faiblesse par l'obligation du concert ; l'indépendance seule est une vraie force et permet la victoire.

Cette indépendance, le mémorialiste l'a connue dans deux autres affaires : son procès de préséance contre le duc de La Rochefoucauld et son procès de succession contre le duc de Brissac. Le premier lui venait de son père – il en avait hérité la querelle en même temps que la dignité – et couvait sous la cendre depuis trois quarts de siècle. Il s'agissait de déterminer la date fixant l'ancienneté du rang, soit celle de « l'enregistrement des lettres, comme M. de La Rochefoucauld le prétendait contre moi, ou, comme je le prétendais, [...] de la réception de l'impétrant au Parlement » (IV, 147), car le duc Claude avait été fait duc et pair en 1635, alors que l'érection de La Rochefoucauld datait de 1622, l'enregistrement des lettres, de 1631, et la réception du duc, de 1637. Il avait dès lors prétendu la préséance sans pouvoir l'obtenir. Le contentieux n'empêchait pas l'amitié entre Saint-Simon et La Rochefoucauld, entretenue « depuis la liaison que le procès contre M. de Luxembourg y avait formée » (II, 169), les procès étant des chaînes qui unissent aussi sûrement qu'elles opposent. Il y avait eu quelques éclats en 1702, lors de la réception de Saint-Simon au Parlement, à laquelle sa partie ne s'était pas rendue, puis au moment de l'édit sur les duchés-pairies qui devait trancher la querelle, mais « M. de La Rochefoucauld ayant obtenu à force de cris que la question serait revue et jugée de nouveau comme si elle ne se le trouvait pas dans cet édit de 1711, et enregistré, le Roi s'en était réservé à lui seul le jugement, sans qui que ce soit avec lui que le Chancelier seul pour rapporter l'affaire, à qui les parties, sans autre formalité, donneraient leurs mémoires signés d'eux-mêmes » (IV, 745). L'affaire ne fut pourtant jugée qu'en 1714, après la mort du grand veneur, dans une procédure mettant aux prises Saint-Simon et le nouveau duc de La Rochefoucauld. « Je fis seul mes mémoires » (IV, 745), précise le mémorialiste, qui gagna « en plein, en tout et partout » (IV, 746) ; il n'avait pas à ménager le fils autant qu'il avait fait le père.

Le procès de Brissac est d'un autre ton et l'indépendance y prend une autre couleur. Saint-Simon avait eu avec son beau-frère, « fléau »

(II, 653) de sa sœur, puis avec ses représentants, un litige portant sur cinq cent mille livres de la succession de la duchesse, morte en 1684. Le procès, deux fois gagné au parlement de Rouen, reprit à Paris contre la duchesse d'Aumont sur une priorité de créance. Mais le comte de Cossé ayant entre temps recueilli, avec l'aide de Saint-Simon, la dignité de duc et pair de Brissac, il prit fait et cause pour elle contre son bienfaiteur. L'ingratitude ne lui porta pas bonheur. « Pour fin, lui et Mme d'Aumont perdirent leur procès avec ignominie, c'est-à-dire avec amende et dépens, et l'affaire renvoyée à Rouen » (II, 657). Le mémorialiste livre ensuite un récit contrasté de leur « représentation » respective, lui reçu et fêté partout, Brissac peu accueilli et laissé à l'hôtellerie. La duchesse d'Aumont ayant tâché de se prévaloir de lettres d'État pour faire reporter le procès, Saint-Simon courut à Marly et les fit casser au Conseil, aidé par ses puissants amis – La Vrillière, Chamillart, le Chancelier, Beauvilliers. Il gagna ensuite son procès « tout d'une voix, avec amende et dépens, et une acclamation qui fit retentir le Palais, et qui nous suivit par les rues » (II, 661). Alors que Saint-Simon s'était présenté seul devant le Roi dans son procès contre La Rochefoucauld, il apparaît ici tout entouré de ministres, de magistrats et d'une *vox populi* favorable. L'indépendance se manifeste aussi par la voie du charisme et de l'influence, comme si l'être unique, à la solitude essentielle, avait le pouvoir de convertir l'isolement en rayonnement ; à rebours Brissac apparaît accablé d'une solitude obscure, qui sanctionne son déshonneur et annonce sa défaite. Ainsi, toutes les solitudes ne se valent pas : certaines mènent à la gloire, d'autres à la déréliction.

LANGUE DE CHOC

Parmi les mots qui enrichissent cette langue experte à dire les heurts, quelques-uns, associés au tribunal, connotent une forme de violence et reviennent sous la plume du mémorialiste, non seulement dans le récit de ses procès, mais dans l'ensemble de son œuvre. Ainsi *chicaner* : c'est d'abord abuser des procédures à des fins dilatoires, comme l'a fait sa partie, Mme d'Aumont, ou Mme de Lussan, avec laquelle il eut un démêlé pour la succession de la vieille demoiselle de Portes, et qui était passée maîtresse en « infâmes chicanes » (II, 962) ; en ce sens, il s'oppose à *étrangler*, qui signifie figurément passer par-dessus les formes afin d'aller vite en jugement, et même abattre l'adversaire lorsque l'emploi est personnel – étrangler quelqu'un, plutôt qu'une chose. Cette stratégie assassine, dont use le président de Harlay dans le procès de Luxembourg, justifie seule l'emploi de chicanes pour gagner du temps :

> Chacun y exhala sa bile sur le parti pris de nous étrangler et sur l'espèce d'injure d'une part, et de déni de justice de l'autre, de nous avoir renvoyés, comme le premier président, constamment chez lui, venoit de faire. Dans cette situation, on résolut de rompre ouvertement avec un homme qui ne gardoit aucune mesure, et de ne rougir de rien pour traîner en longueur, tant qu'il nous seroit possible, un procès où la partie étoit manifestement faite et sûre de nous le faire perdre [...]. Pour l'exécuter, il fut proposé de former une demande au Conseil, par M. de Richelieu, qui avoit toutes ses causes commises au Grand Conseil, pour y faire renvoyer celle-ci : ce qui formeroit un procès de règlement de juges, au moyen duquel nous aurions le temps de respirer et de trouver d'autres chicanes. Je dis *chicanes*, car ce procès ne pouvoit, de nature et de droit, sortir du Parlement, ni être valablement jugé ailleurs[18].

Chicaner, c'est également disputer ou déplaire, et le verbe se trouve parfois chez Saint-Simon dans ce sens, par exemple lorsque Mme des Ursins convainc le roi d'Espagne de ne pas « chicaner, et blesser » (II, 701) le Roi son grand-père.

Un autre terme aux acceptions diverses – militaires entre autres, lorsque l'on congédie des troupes ou qu'on démet un officier –, mais qui disent toutes la brutalité, est *casser*, ou son substantif juridique, *cassation*. On peut casser un testament – comme ceux des rois qui prétendent disposer de tout après leur mort –, un mariage, comme ceux de la marquise de Gesvre ou du marquis de Santa-Cruz, des lettres d'État, comme celles de la duchesse d'Aumont, des ordonnances particulières, comme celles de l'intendant Courson, ou les arrêts du parlement, c'est-à-dire ses jugements, soit au bureau des cassations, soit au conseil des parties, soit au conseil de Régence, selon l'époque dont il s'agit. L'expression singulière *casser la corde sur quelqu'un*, qu'on ne voit semble-t-il nulle part ailleurs que chez Saint-Simon, dérive selon Littré de la locution « *si la corde ne rompt*, c'est-à-dire si les moyens employés pour réussir ne

---

18 GEF, II, 75-76 ; Pléiade, I, 145-146.

manquent pas », mais transforme la corde en objet contondant – « Cette matière d'ailleurs est assez curieuse pour permettre de s'étendre sur un dauphin si peu connu, qui n'a jamais été rien, ni de rien, en une si longue et si vaine attente de la couronne, et sur qui enfin la corde a cassé de tant d'espérances, de craintes et de projets » (IV, 97) – et la rupture spontanée en bris volontaire, comme dans les trois occurrences où elle concerne le projet de M. du Maine de « nous [faire] casser sur le corps la corde du bonnet qu'il nous avait si malicieusement tendue » (V, 793).

Cependant Saint-Simon puise à toutes les sources : ainsi cette autre image, *rompre la glace*, assez fréquente dans les *Mémoires*, vient des phénomènes naturels et comporte l'idée du coup à donner pour faire éclater un obstacle. Saint-Simon emploie de préférence la forme plurielle, bien plus rare, qui en multiplie la difficulté et l'apparente à *rompre des lances*, qui appartient à la langue des tournois, avec laquelle elle paraît associée dans son esprit : « [Boufflers] rompit glaces et lances, et ne donna aucun repos au Roi » (III, 490). Elle s'oppose à *fondre les glaces* comme le subit au progressif et comme la hardiesse à la patience : ainsi le Chancelier « avait rompu auprès du Roi les premières glaces pour le [Desmarets] rappeler aux finances » (IV, 207) ; en revanche, « ni la parenté, ni le commerce continuel et indispensable d'affaires n'avaient pu fondre les glaces qui s'étaient mises entre [Torcy et les ducs de Chevreuse et de Beauvilliers] » (IV, 205). Les glaces fracassées ne sont pas les seules images de heurts empruntées aux phénomènes naturels : outre les météores que nous avons déjà rencontrés, foudre ou orage, on peut relever dans une page consacrée aux violences de la Constitution *Unigenitus* « cette grêle immense de lettres de cachet » (V, 584) qui s'abattit sur ceux qui refusaient de plier ; ainsi qu'à dix ou douze reprises la métaphore de la cascade, qui désigne les effets en chaîne d'un incident brusque – décès, faillite – se succédant sans fluidité mais continûment, à la façon d'une chute de dominos, comme cette banqueroute publique dont la perspective est évoquée par le mémorialiste à la mort du Roi, « qui ruinerait une infinité de familles et directement et par cascades » (V, 316). De même il y a cascade de charges à la mort d'un grand personnage, tombant de sa dépouille sur les têtes les plus proches ; cascade de délogements aux armées lorsque les favoris sont mal logés ; cascade « de maux de toute espèce » (III, 402) causés par la famine du grand hiver, en 1709. Cette image a de surcroît une portée théorique pour le mémorialiste en ce qu'elle l'aide à définir l'utilité de l'histoire et ce qui la distingue de la chronique. Ainsi, dans le célèbre avant-propos qui éclaire à la fois sa conception et sa pratique – et qui justifie celle-ci par celle-là –, la métaphore de la cascade intervient en aval des événements, du côté de leurs conséquences, mais aussi, par la puissance explicative de la chaîne causale, à la source de nouveaux événements, moyennant les nécessaires ressorts passionnels :

> Ainsi, pour être utile, il faut que le récit des faits découvre leurs origines, leurs causes, leurs suites et leurs liaisons des uns aux autres, ce qui ne se peut faire que par l'exposition des actions des personnages qui ont eu part à ces choses ; et comme, sans cela, les faits demeureroient un chaos tel qu'il a été dit, autant en seroit-il des actions de ces personnages, si on s'en tenoit à la simple exposition de leurs actions, par conséquent de toute l'histoire, si on ne faisoit connoître quels ont été ces personnages, ce qui les [a] engagés à la part qu'ils ont eue aux faits qu'on raconte, et le rapport d'union ou d'opposition qu'il y a eu entre eux. Plus donc on a de lumière là-dessus et plus les faits deviennent intelligibles, plus l'histoire devient curieuse et intéressante, plus on instruit par les exemples des mœurs et des causes des événements. C'est ce qui rend nécessaire de découvrir les intérêts, les vices, les vertus, les passions, les haines, les amitiés, et tous les autres ressorts, tant principaux qu'incidents, des intrigues, des cabales et des actions publiques et particulières qui ont part aux événements qu'on écrit, et toutes les divisions, les branches, les cascades qui deviennent les sources et les causes d'autres intrigues, et qui forment d'autres événements[19].

La cascade, composée de masses d'eau devenue solide par le choc des obstacles qu'elle rencontre, les heurtant successivement et bondissant de l'un à l'autre dans sa chute, devient dans cette page essentielle l'image même de l'histoire, chaque choc formant un événement par la rencontre de l'élément et du ressort ; et ce fracas d'eau lui-même, jaillissant de l'obstacle en une direction imprévue, illustre la nature brusque et *mutatoire* du mouvement, transformation apparemment chaotique, mais réellement déterminée par le détail qu'il faut savoir des circonstances du choc : admirable plaidoyer pour la compétence intérieure du mémorialiste, sa connaissance des hommes et des situations, son long usage du monde, les yeux de son esprit dessillés, désabusés. L'eau de la cascade est amère.

19 GEF, I, 5-6 ; Pléiade, I, 6.

CORPS EXPLOSIFS

L'imaginaire saint-simonien du heurt trouve également des matériaux dans le domaine militaire et particulièrement dans celui des armes, dont quelques-unes ont dans les *Mémoires* des emplois figurés. Elles peuvent être souterraines, commes les mines qu'on fait jouer ou qu'au contraire on évente en les découvrant, avec cette connotation de menées et d'intrigues qui convient à la cour. Quelques noirs et profonds courtisans sont ainsi de vrais boutefeux, comme le nonce Bentivoglio, toujours « occupé des mines à charger sous les pieds » (VII, 342) des appelants ; le duc de Noailles, qui n'a de suite dans l'esprit « que pour les trames, les brigues, les pièges, les mines qu'il creuse et qu'il fait jouer sous les pieds » (IV, 365) ; le duc du Maine enfin, plaçant des « mines chargées » (IV, 462) sur le chemin du duc d'Orléans. Quant à M. le Duc, son humeur était si dangereuse qu'on s'éloignait de lui « comme d'une mine toujours prête à sauter » (III, 521), comme s'il était lui-même une charge de poudre que la moindre étincelle pouvait enflammer. Semblablement, l'abbé de Maulévrier, que nous avons déjà rencontré, était « capable de toute espèce de fougasse » (III, 990), qui sont ces mines improvisées par de simples trous dans le sol remplis d'explosif. Et pour les faire sauter, on mettait le feu à une amorce ou à un *saucisson*, tube de poudre conduisant à la charge principale : au moment du mariage du duc de Berry, le mémorialiste ayant compris que le prince « était une place que nous n'emporterions que par mine et par assaut » (III, 839) face aux manœuvres opposées de Mme la Duchesse, écrit au nom du duc d'Orléans une lettre au Roi dont le succès fut entier, puis attendit tranquillement pour ne pas éveiller ses adversaires « tandis que la mine se chargeait sous leurs pieds sans qu'ils s'en aperçussent, et que le feu était déjà au saucisson » (III, 858). De même, lorsqu'en 1711 il se rapproche du duc de Bourgogne, dont il devient le conseiller, Saint-Simon rapporte une conversation avec lui qu'il regarde comme « l'engagement heureux d'une amorce qui avait pris comme je me l'étais proposé » (IV, 267). Il y a aussi cette curieuse métaphore filée quand, le cardinal Dubois voulant devenir premier ministre, il cherche à s'assurer du concours de Saint-Simon et lui envoie Belle-Isle « pour [lui] recommander l'affaire et tâcher de la bombarder, proposition [...] qui venait apparemment tout fraîchement d'éclore du cerveau embrasé du Cardinal. Belle-Isle me lâcha ce saucisson dans l'oreille ; je passai sans m'arrêter, et j'entrai dans le cabinet de M. le duc d'Orléans » (VIII, 499). Cette amorce auriculaire, allumée par la tête de Dubois et qui doit faire sauter l'affaire comme une bombe, transforme les protagonistes en champ de bataille et leurs corps en machines infernales ; il nous transporte aussi des espaces souterrains dans le domaine aérien de la balistique.

La bombe est en effet l'autre figure privilégiée par Saint-Simon dans le domaine des armes. En cet emploi, elle est chez lui toujours au singulier, le pluriel étant au contraire toujours littéral et souvent pris dans une énumération, avec boulets, grenades, mortiers et quintaux de poudre. Certaines des expressions dont il use sont courantes. Ainsi, tomber comme une bombe veut dire arriver à l'improviste : « J'allai voir Pontchartrain, chez qui je n'allais presque jamais, et j'y tombai comme une bombe, chose toujours plus triste et plus fâcheuse pour la bombe que pour ceux qui la reçoivent, mais qui pour cette fois ne le fut que pour la compagnie, et me fit un double plaisir » (V, 422). Une bombe qui crève est une mauvaise nouvelle – colère royale, disgrâce, déclaration de guerre – ; lorsqu'elle ne fait encore que menacer, Saint-Simon parle de bombe en l'air : « Il y avait déjà quelques jours que chacun savait la bombe en l'air [l'impôt du dixième] et en frémissait, avec ce reste d'espérance qui n'est fondé que sur le désir » (III, 1021), ou qui se charge : « [c]ette persécution dura jusqu'à la bombe qui fit tout sauter, et qui, en attendant, se chargeait » (V, 119). La perspective est plus personnelle lorsqu'il décrit à deux reprises « de ces aventures auxquelles ma vie a été sujette, qui sont de ces bombes[20] qui tombent sur la tête sans qu'on puisse les prévoir, ni même les imaginer » (III, 352). Ce sont chaque fois des calomnies : la première, forgée par le duc de Mortemart, prétendait que Saint-Simon souhaitait la mort des princes étrangers et l'extinction de leurs maisons ; la seconde, successive au mariage de M. le duc de Berry, qu'il voulait désormais faire chasser Mme la Duchesse et Mme la princesse de Conti afin de gouverner Monseigneur : « [o]n ne peut comprendre l'effet que fit sur moi ce récit. Entre plusieurs, l'étonnement l'emporta » (III, 1026). La surprise frappe

20 Unique exemple de bombe au pluriel dans son sens figuré, mais un pluriel distributif, chacune de ces bombes tombant seule.

autant que le déplaisir ; et ces coups redoublés, outre qu'ils plaident en faveur de l'innocence du mémorialiste, insistent sur ce qu'il y a de subit dans de tels chocs, tout comme dans le bombardement d'un ministre, la nomination inopinée qui le fait sauter brusquement dans un nouveau poste, semant la stupeur à la façon d'un obus. On relèvera encore tel discours sur la politique à tenir à l'égard du duc du Maine dont Saint-Simon dit avoir « bombard[é] rudement la faiblesse du Régent, et tâch[é] à l'exciter à force de boulets rouges » (VII, 407), assimilant son conseil au siège d'une place mal défendue.

L'EXPÉRIENCE DE L'ASSAUT

La carrière militaire de Saint-Simon, si elle n'eut pas l'importance de sa vie politique, arriva toutefois la première et dura dix ans ; elle est l'un des lieux où il a façonné son imaginaire. Le jeune homme, « petit et l'air délicat » (I, 21), qui joignit pour son année de formation les mousquetaires gris à la veille de ses dix-sept ans, se trempa aux campagnes de la guerre de la Ligue d'Augsbourg, dont il connut le paroxysme. C'est dans ce premier corps qu'il prit part au siège de Namur, en mai et juin 1692, sous les pluies torrentielles « qui avai[en]t rendu tout fondrière. Jusqu'aux chevaux du Roi vivaient de feuilles, et aucun de cette nombreuse cavalerie de troupes et d'équipages ne s'en est jamais bien remis » (I, 26). La reddition du château à toute extrémité causa la consternation des habitants, « qui ne pouvaient contenir leurs larmes » (I, 27), tout semblant se résoudre en eau dans cette bataille liquide, épuisante sans combat pour le vidame de Chartres, qui avec le reste de la maison du Roi fut affecté au transport à travers la boue des fascines et des sacs de grain. À la fin de l'année, le Roi voulut faire don à Saint-Simon d'une compagnie de cavalerie dans l'un de ses régiments. « Il fallait qu'il en vaquât ; quatre ou cinq mois s'écoulèrent de la sorte, et je faisais toujours mes fonctions de mousquetaire avec assiduité. Enfin, vers le milieu d'avril, Saint-Pouenge m'envoya demander si je voudrais bien accepter une compagnie dans le Royal-Roussillon qui venait de vaquer, mais fort délabrée et en garnison à Mons. Je mourais de peur de ne point faire la campagne qui s'allait ouvrir ; ainsi je disposai mon père à l'accepter » (I, 49-50). Saint-Simon, devenu le 3 mai, par la mort de son père, duc et pair gouverneur de Blaye et de Senlis, s'en alla joindre à Mons la compagnie dont il était désormais capitaine. De Gembloux, l'armée que dirigeait le maréchal de Luxembourg prit d'abord Huy, puis se dirigea vers Liège avant de bifurquer vers Waremme et Landen. La bataille commença au petit matin du 29 juillet et se poursuivit douze heures durant « par un des plus ardents soleils de tout l'été », comme en contrepoint du siège de Namur. Dans cette chaleur, Saint-Simon essuya le feu des alliés. Placées sur les hauteurs du plateau derrière Neerwinden, les batteries de Guillaume d'Orange « fouettaient étrangement notre cavalerie » (I, 94) et celle-ci reçut, lors du premier assaut, une « décharge si à propos que les chevaux s'en retournèrent plus vite qu'ils n'étaient venus » (I, 94) ; elle fut ainsi repoussée trois fois de suite au cours de cette matinée désastreuse ; enfin, au milieu de l'après-midi, Neerwinden ayant été pris, la cavalerie chargea cinq fois l'ennemi et l'accula à la Ghete, où beaucoup se noyèrent. Saint-Simon, qui dut changer de cheval après trois charges, « en fu[t] quitte en tout pour la croupière [de son] courtaud coupée et un agrément d'or de [s]on habit bleu déchiré » (I, 97). Il alla sur le soir visiter le champ de bataille, les retranchements et le village jonchés de corps, où il put constater l'importance des pertes. Le mémorialiste égrène la liste des officiers distingués, parmi lesquels le prince Paul de Lorraine ; le brigadier de Saint-Simon, « mon parent éloigné, de la branche de Monbléru ; Montfort, notre mestre de camp, à la tête des carabiniers ; Quadt, notre brigadier : je le vis tuer d'un coup de canon devant nous, dès le grand matin [...]. J'y perdis le marquis de Champvallon, mon cousin germain, enseigne des gendarmes de la garde, fils unique de la sœur de ma mère, qui ne s'en est jamais consolée » (I, 99). Le jeune homme, frappé dans sa famille et dans ses chefs, semble au milieu des disparus épargné par le sort et prêt à recueillir leur dépouille.

Cela ne tarda point. Le régiment du prince Paul, créé pour lui en 1689 et vacant par sa mort, était passé au chevalier du Rosel, mais celui-ci ayant obtenu l'un des nouveaux régiments de carabiniers, offrit à Saint-Simon de le lui vendre, pourvu qu'il en eût l'agrément. Le duc en fit la demande au Roi par Beauvillier à son arrivée à Paris, et devint le 9 novembre mestre de camp – et propriétaire – du régiment de cavalerie *de Saint-Simon*. Colonel à dix-huit ans, Saint-Simon pouvait en temps de guerre espérer une promotion au grade de brigadier, mais on entrait dans la phase diplomatique du conflit, qui devait conduire aux négociations puis à la signature du traité de Ryswick en 1697. Le régiment de Saint-Simon était destiné pour la Flandre, où il aurait été placé sous l'autorité du maréchal de Luxembourg avec qui le duc était en procès. « Par le conseil de M. de Beauvillier, j'écrivis au Roi mes raisons fort abrégées, et lui présentai ma lettre comme il entrait dans son cabinet, le matin, qu'il s'en allait à Chantilly et à Compiègne faire des revues et revenir incontinent après. Je le suivis à sa messe, et de là à son carrosse pour partir. Il mit le pied dans la portière, puis le retira, et se tournant à moi : "Monsieur, me dit-il, j'ai lu votre lettre ; je m'en souviendrai." En effet, j'appris peu de temps après qu'on m'avait changé avec le régiment du chevalier de Sully, qui était à Toul, et qui allait en Flandres en ma place, et moi en Allemagne en la sienne » (I, 172), sous les maréchaux de Lorges et de Joyeuse. Favorable à la paix de son esprit, ce changement l'était moins aux actions d'éclat. Les campagnes qu'il fit sur le Rhin furent assez paisibles pour qu'il y pût commencer ses Mémoires : dispositions tactiques, retranchements, marches, escarmouches, « escopetterie[s] » (I, 396), cannonades même, mais nul combat. La violence n'en flambait pas moins par moments. Arrivé le 20 juillet 1695 depuis Walldorf avec le reste de l'armée à l'embouchure du Neckar, Saint-Simon s'installa en compagnie d'autres officiers dans une maison de Seckenheim. « Comme nous tâchions à nous refaire des fatigues de la journée, nous entendîmes grand bruit, et bientôt un vacarme épouvantable : c'était un débandement de l'armée, qui, à travers la nuit cherchant de l'eau, avait trouvé ce village, qui par le bout opposé à celui où nous étions touchait au Necker, et qui, après s'être désaltéré, se mit à piller, violer, massacrer, et faire toutes les horreurs que la licence la plus effrénée inspire, couverte par une nuit fort noire. Incontinent le désordre vint jusqu'à nous, et nous eûmes peine à nous défendre dans notre maison » (I, 239). Quel paradoxe que ce sac, qui, si terrible soit-il, n'est pourtant qu'un détail de la guerre, et mené par ceux de son propre camp, soit présenté comme le danger le plus pressant couru par Saint-Simon. Les troupes, si elles ne vont pas à l'ennemi, finissent par attaquer ce qui se trouve sur leur chemin. L'opposition apparaît en somme moins tranchée entre Français et Impériaux qu'entre officiers nobles et soldats roturiers, à cette époque où hiérarchie militaire et naissance coïncidaient largement, malgré la brèche ouverte par la vénalité de certaines charges. Les manières du grand monde, l'honnêteté prévalent dans les quartiers-généraux. Saint-Simon note qu'à son arrivée à l'armée d'Allemagne, en 1694, il reçut, comme à la cour ou à la ville, « la visite de tout ce qu'il y avait de brigadiers et de mestres de camp, et d'une infinité d'autres officiers, et je leur fis aussi la mienne, c'est-à-dire aux premiers » (I, 175), en un ballet de politesses aussi soigneusement réglé que les honneurs accordés lors des capitulations ; et lorsque l'été suivant le maréchal de Lorges tomba malade au camp d'Unter-Neisheim (Unteröwisheim), « le prince Louis de Bade offrit par des trompettes toutes sortes de secours de médecins et de remèdes, et sa parole de toute la sûreté et de tous les soulagements de vivres et de fourrages pour le général, pour ce qui demeurerait auprès de lui et pour l'escorte qui lui serait laissée si l'armée s'éloignait de lui » (I, 233). L'espace du conflit est ainsi régi par un protocole strict, qui reconduit à la tête des armées les codes de la bonne société et civilise l'héroïque chaos de la guerre.

La paix de Ryswick fut suivie d'une grand licenciement de troupes ; le régiment de Saint-Simon fut réformé, sa compagnie incorporée dans celui du comte d'Uzès, et lui-même mis à la suite du régiment de Saint-Mauris. Cette disparition de ce qui signalait sa présence et son être, l'éclatement de l'unité portant son nom lui fut pénible au point que le mémorialiste n'en parle pas dans la chronique de 1698. Il faut attendre le début de la guerre de Succession d'Espagne pour qu'il relate cet épisode, nécessaire à l'intelligence de la suite des événements. Un tel sort lui avait été « commun avec beaucoup d'autres, ce qui ne m'en consola pas. [...] Bientôt après, la pédanterie, qui se mêlait toujours avec la réalité du service, exigea deux mois de présence aux régiments à la suite desquels on était. Cela me parut fort sauvage. Je ne laissai pas d'y aller ; mais, comme j'avais eu diverses incommodités, et qu'on m'avait conseillé les eaux savonneuses de Plombières, je demandai la permission d'y aller, et y passai trois ans de suite le temps d'exil à un régiment où je ne connaissais personne, où je n'avais point de troupe, et où je n'avais rien à faire » (II, 170). En homme qui sait la valeur des mots, Saint-Simon traite comme elle le mérite sa charge de mestre de camp devenue caponne et assure une présence purement nominale à ce régiment de Saint-Mauris auquel on l'a rattaché : tout ceci est sans « réalité » et le contraindre à se plier à ce service fictif eût été d'une rigueur « sauvage ». Puis vint la promotion du 29 janvier 1702. « [O]n n'était plus dans un temps à se prévaloir de dignités ni de naissance ; excepté des actions, et sur-le-champ, personne n'était distingué de l'ordre du tableau. J'avais trop d'anciens pour songer à être brigadier ; tout mon objet était un régiment, et de servir à la tête, puisque la guerre s'ouvrait, pour n'avoir pas le dégoût de la commencer pour ainsi dire aide de camp de Saint-Mauris et sans troupe, après avoir été préféré par distinction, en arrivant de la campagne de Neerwinden, pour en avoir un, l'avoir bien rétabli, et y avoir, je l'ose dire, commandé avec application et réputation » (II, 170-171). Parcourant « avidement les brigadiers de cavalerie pour voir si [s]on tour approchait » (II, 171), Saint-Simon reçoit un double camouflet : cinq de ses cadets sont promus, et lui reste sans régiment. C'est le plus grand choc de sa vie militaire : ce renvoi au néant, « insupportable » (II, 171), « honteux », « insoutenable » (II, 172), qui le décide à quitter le service. Le mémorialiste place dans la bouche de ses conseils – les maréchaux de Lorges, de Duras et de Choiseul, le Chancelier, les ducs de Beauvillier et de La Rochefoucauld – une véhémente plaidoirie pour l'y inciter, faite de phrases typiquement saint-simoniennes, longues, haletantes, bouleversées par les anacoluthes, avec des salves d'anaphores : « tous me dirent qu'il était honteux [...] à un homme de ma naissance, de ma dignité, qui avait servi avec honneur, assiduité et approbation quatre campagnes à la tête d'un beau et bon régiment, réformé jusqu'à sa compagnie sans raison, demeuré dans une aussi nombreuse promotion et y voir cinq de ses cadets avec la dernière injustice, recommançât la guerre, non seulement sans brigade, mais sans régiment, mais sans troupe et sans compagnie [...] ; qu'un duc et pair de ma naissance [...] n'allait pas servir comme un haut-le-pied dans les armées, et y voir tant de gens si différents de ce [que] j'étais, et, qui pis était, de ce que j'y avais été, tous avec des emplois et des régiments » (II, 172). À bout de souffle, ayant tout dit, tout asséné, Saint-Simon, pris dans un détroit entre deux abîmes – servir dans l'obscurité, encourir la colère du Roi –, ayant passé trois mois dans l'« angoiss[e] » (II, 173) qui est l'oppression des inquiétudes métaphysiques – être ou ne pas être –, crainte de disparaître, resserrement (*angustia*) de l'âme et sensation d'être étranglé –, Saint-Simon finit par se déterminer. Il écrivit au Roi. « [T]rois ans durant, [il] n'oublia aucune bagatelle, faute d'occasions plus importantes, de me faire sentir combien il était fâché. Il ne me parla plus ; ses regards ne tombaient sur moi que par hasard [...]. Je n'allai plus à Marly, et, après quelques voyages, je cessai de lui donner la satisfaction du refus » (II, 174).

LE SPECTACLE DE LA GUERRE

Saint-Simon, ayant renoncé aux « espérances du métier » (II, 171), dut affronter « l'ennui de l'oisiveté, la douleur des étés à ouïr parler de guerre, de départs, d'avancements de gens qui s'y distinguent, qui s'y élèvent, qui acquièrent de la réputation » (II, 171). Le gentilhomme, faute d'être officier général, sera courtisan, homme politique et diplomate. La guerre sera pour lui désormais ce lointain théâtre, dont les actions ne lui parviennent que par les témoignages et la voie spéculaire des comptes rendus. Les saisons militaires de la chronique se succéderont jusqu'à la paix d'Utrecht, le mémorialiste consignant nominations et promotions, non sans un peu d'envie, sans doute, cette « cruelle passion » (II, 184) : après la surprise de Crémone et la capture de Villeroi, le duc de Vendôme eut l'armée d'Italie ; « [l]e dépit de M. le duc d'Orléans et des princes du sang fut extrême et fort marqué » (II, 183) ; Praslin ayant été fait « lieutenant général avant que d'avoir pu savoir qu'il était maréchal de camp » (II, 184), on lui en voulut sans en pouvoir dire pourquoi. « Les femmes criaient en place de raisons ; et la comtesse de Roucy, entre autres, qui en était furieuse, fut de meilleure foi : car, l'ayant poussée à bout, elle me répondit, acculée et dans l'excès de sa colère, qu'enfin Praslin était lieutenant général et que son mari ne l'était pas » (II, 184). Faute de pouvoir narrer de source, l'historien trace une esquisse de la campagne de Flandres, si « triste » (II, 213) cette année-là : « Kaiserswerth, Venlo, Ruremonde, la citadelle de Liège et divers petits postes perdus [aux mains des ennemis] furent les fruits de leur campagne et les prémices de leur bonheur » (II, 213-214) ; et sans doute il sera généralement plus court aux grandes batailles qu'à Neerwinden, mais loin de s'en désintéresser, il les conte avec passion. À Luzzara, « le 15 août, les deux armées arrivèrent sur les quatre heures après midi chacune au pied de ce rideau sans avoir le moindre soupçon l'une de l'autre, ce qui paraît un prodige

[...]. Qui attaqua les premiers, c'est ce qui ne se peut dire ; mais dans un instant tout prit poste des deux côtés et se chargea pour s'en chasser. Jamais combat si vif, si chaud, si disputé, si acharné ; jamais tant de valeur de toutes parts, jamais une résistance si opiniâtre, jamais un feu ni des efforts si continuels, jamais de succès si incertain » (II, 225). À Friedlingen, il anime son récit d'une saynète moqueuse : Villars, qui avait perdu de vue sa cavalerie, « crut la bataille perdue et perdit lui-même la tramontane sous un arbre, où il s'arrachait les cheveux de désespoir, lorsqu'il vit arriver Magnac, premier lieutenant général de cette armée, qui accourait seul au galop avec un aide de camp après lui. Alors Villars, ne doutant plus que tout ne fût perdu, lui cria : "Hé bien ! Magnac, nous sommes donc perdus ?" À sa voix, Magnac poussa à l'arbre, et, bien étonné de voir Villars en cet état : "Hé ! lui dit-il, que faites-vous donc là, et où en êtes-vous ? ils sont battus et tout est à nous". Villars à l'instant recoigne ses larmes, court avec Magnac à l'infanterie [...], criant tous deux victoire » (II, 249). Le mémorialiste restitue la violence de ces affrontements auxquels il n'a pas assisté, en relate les péripéties comme s'il était lui-même l'officier chargé d'en rendre compte au Roi, souligne les contrastes d'attitudes chez les généraux, enregistre les pertes : mille hommes seulement à Höchstädt ; quatre mille hommes au moins au désastre de Ramillies, sans compter les blessés et les prisonniers ; à Audenarde, « [o]n cacha tant qu'on put la perte qu'on fit en ce combat, où il y eut beaucoup de tués et de blessés [...] ; quatre mille hommes et sept cents officiers prisonniers » (III, 196) ; dix mille hommes tués et blessés à Malplaquet – mais vingt-cinq mille dans le camp ennemi – ; deux mille à Villaviciosa ; avec une prédilection de mécontent pour les défaites, Audenarde surtout, alors qu'il passe rapidement sur les victoires de gens qu'il n'aime pas et dont il se plaît à critiquer les fautes, l'ineptie et la vantardise. Ainsi la bataille décisive de Denain reçoit une page à peine et pleine d'ironie, Montesquiou ayant pressé Villars qui « ne voulait point de combat » (IV, 508) et qui arriva « comme tout était fait, enfonça son chapeau et dit merveilles aux tués et aux ennemis delà l'eau qui se retiraient » (IV, 509) ; de même, « Brihuega est emporté sans [Vendôme], et sans lui la bataille de Villaviciosa est gagnée » (III, 1011-1012), ce qui n'empêche pas le maréchal de s'en imputer tout le succès. Au contraire, la terrible défaite et l'« horrible capitulation » (II, 482) de Blenheim fait l'objet d'un traitement de faveur, avec une dizaine de pages de récit, d'analyse, de lamentations – « [c]es prodiges d'erreurs, d'aveuglements, de ténèbres, entassés et enchaînés ensemble, si grossiers, si peu croyables, et dont un seul de moins eût tout changé de face, retracent bien, quoique dans un genre moins miraculeux, ces victoires et ces défaites immenses que Dieu accordait ou dont il affligeait son peuple suivant qu'il lui était fidèle, ou que son culte était abandonné » (II, 491) – et de sarcasmes : « [p]endant tous ces désordres, Blanzac était dans Blenheim, qui ne savait ce qu'était devenu Clérambault, disparu depuis [plus] de deux heures : c'est que, de peur d'être tué, il était allé se noyer dans le Danube. Il espérait le passer à la nage sur son cheval, avec son valet sur un autre, apparemment pour se faire ermite après ; le valet passa, et lui y demeura » (II, 479-480). Il faut dire que la déroute fut complète, avec trente-sept bataillons rendus ou mis en pièces, une armée entière. « On peut juger quelle fut la consternation générale, où chaque famille illustre, sans parler des autres, avait des morts, des blessés et des prisonniers » (II, 491). Saint-Simon perdit – dans la *cascade* qui suivit – son ami le duc de Montfort, demeuré en Alsace avec les débris de l'armée, mais dont la rage était telle qu'il lui avait écrit qu'à son retour, « il voulait casser son épée et se faire président à mortier » (II, 493) ; il fit bientôt après une « folie martiale » (II, 493) et fut tué par des hussards auxquels il avait voulu donner la chasse. « Une certaine ressemblance de goûts, d'inclinations, d'aversions, de vues, et de manières de penser et d'être, l'avait resserrée [notre liaison] jusqu'à la plus grande intimité, en sorte que pour le sérieux nous n'avions rien de caché l'un pour l'autre. [...] En absence, nous nous écrivions continuellement. Sa perte fut aussi pour moi de la dernière amertume, et tous les jours de ma vie je l'ai sentie depuis tant d'années » (II, 495). Il ne retrouvera plus de tels accents que pour le Dauphin et la duchesse de Saint-Simon, qui laisseront eux aussi en disparaissant le vide sous ses pas – et, au fond de son cœur, l'exquise douleur de l'arrachement, sans fin, comme celle des membres fantômes.

Il y a dans les *Mémoires* un spectacle militaire tout différent et souvent commenté : celui du camp de Compiègne, cet insolent morceau de bravoure, vrai *finale* de la guerre de la Ligue d'Augsbourg. Au mois de septembre 1698, un an après la signature du traité de Ryswick, Louis XIV réunit entre Compiègne et Coudun une armée de soixante mille hommes pour une revue et des manœuvres qui durèrent trois semaines et auxquelles

les ambassadeurs furent conviés, car le Roi voulait « leur étaler la magnificence de ce camp » (I, 538), qui était une démonstration de puissance au sortir d'un conflit de dix ans. Le duc et la duchesse de Bourgogne, en l'honneur desquels se donnait cette sorte de fête, y vinrent avec la cour ; le Roi « s'amusa fort à voir et à faire voir les troupes aux dames, leur arrivée, leur campement, leurs distributions, en un mot tous les détails d'un camp, des détachements, des marches, des fourrages, des exercices, de petits combats, des convois » (I, 539). On y vint comme au théâtre, « [à] quatre lieues autour de Compiègne, les villages et les fermes étaient remplis de monde, et Français et étrangers, à ne pouvoir plus contenir personne » (I, 541), et cette grandiose parade se doublait chez le maréchal de Boufflers, qui commandait le camp, d'une « magnificence inouïe » (I, 535) : « [j]amais spectacle si éclatant, si éblouissant, il faut le dire : si effrayant [...]. Les tables sans nombre, et toujours neuves, et à tous les moments servies à mesure qu'il se présentait ou officiers, ou courtisans, ou spectateurs [...]. [L]es vins français, étrangers, ceux de liqueur les plus rares, y étaient comme abandonnés à profusion ; et les mesures étaient si bien prises que l'abondance de gibier et de venaison arrivait de tous côtés, et que les mers de Normandie, de Hollande, d'Angleterre, de Bretagne, et jusqu'à la Méditerrannée fournissaient tout ce qu'elles avaient de plus exquis, à jours et points nommés, avec un ordre inimitable » (I, 536).

Toutefois, cet ordre admirable n'est qu'un prélude. L'instruction du prince héritier exigeait que la guerre fût résumée pour lui dans des images de choc armé. Ainsi, le siège de Compiègne – « lignes, tranchées, batteries, sapes, etc. » (I, 542) – eut lieu le 13 septembre, « et ce jeu des attaquants et des défendants à découvert, parce que n'y ayant rien de sérieux que la montre » (I, 542), puis le « dernier grand acte de cette scène, [qui] fut l'image d'une bataille entre la première et la seconde ligne entières, l'une contre l'autre » (I, 544). Le lexique de Saint-Simon souligne le dédoublement théâtral de cette bataille, dont les acteurs jouent leur propre rôle, le brouillage du réel et du fictif produisant en cette mêlée un désordre d'une nature différente, le lieutenant général Rosen, qui commandait la seconde ligne, ne pouvant se résoudre à ployer devant le maréchal de Boufflers. « Rosen entrait en colère, et n'obéissait point. Le Roi en rit fort, qui avait tout réglé, et qui voyait aller et venir les aides de camp, et la longueur de tout ce manège, et dit : "Rosen n'aime point à faire le personnage de battu." » (I, 545).

Le dispositif du conflit est à peine perturbé par cette friction d'orgueil. Cependant le mémorialiste explique au lecteur qu'un choc véritable a bien eu lieu sous ses yeux pendant la représentation, non pas sur scène mais à ses côtés – et que ce choc l'a étonné, lui, Saint-Simon, pour l'éternité. Le « spectacle singulier [...], que je peindrais dans quarante ans comme aujourd'hui tant il me frappa, fut celui que du haut de ce rempart le Roi donna à toute son armée » (I, 542), se penchant découvert vers la chaise à porteurs où Mme de Maintenon se tenait dérobée par les fenêtres closes, à tout moment « frappa[n]t contre la glace pour la faire ouvrir » (I, 543) dans un « exercice si continuel [qu'il] lui devait fort lasser les reins » (I, 543). La veuve Scarron, l'épouse morganatique montrée à la face du monde dans son splendide *incognito*, invisible au cœur de sa loge, et le Roi penché, découvert, heurtant la glace à la manière d'un courtisan, ce renversement, pis, cette exhibition du désordre hiérarchique, politique et moral qui minait le royaume, contredisait par son invraisemblable turpitude le spectacle opposé de discipline et de force que donnait Louis XIV en ce camp de Compiègne. L'onde de choc, qui secoua d'abord Saint-Simon, à trois pas de la chaise, et le premier cercle des courtisans, rejoignit Canillac, venu d'en bas prendre l'ordre – stupéfait, frappé de mutisme, « la bouche ouverte, les yeux fixes et un visage sur lequel le plus grand étonnement était peint » (I, 543-544) –, puis les officiers et les troupes dans la plaine, et par des cercles concentriques toujours plus étendus les étrangers, enfin « toute l'Europe » (I, 544), alertée par le « bruit » de cette secousse quasi tellurique dont l'épicentre avait crevé le camp, renversant tentes et soldats, abolissant le bel ordre.

CHUTES ET MEURTRISSURES

C'est un lieu commun de la théorie des petites causes que les guerres et autres événements majeurs ont pour point de départ non une décision souveraine et réfléchie relative à de grands enjeux, moins encore des forces impersonnelles, mais les ressorts les plus infimes, les accidents les plus ridicules, le nez de Cléopâtre ou la robe mouillée de la reine Anne. Ce déterminisme chaotique, qui accorde Pascal et Voltaire, épouse chez

Saint-Simon la figure de la cascade, qui accroît la force de l'eau dans sa chute en en déviant imprévisiblement le cours. « [L]'histoire est d'un genre entièrement différent de toutes les autres connaissances. Bien que tous les événements généraux et particuliers qui la composent soient cause l'un de l'autre, et que tout y soit lié ensemble par un enchaînement si singulier que la rupture d'un chaînon ferait manquer, ou, pour le moins, changer l'événement qui le suit, il est pourtant vrai qu[e] [...] nul événement général ou particulier historique n'annonce nécessairement ce qu'il causera, et fort souvent fera très raisonnablement présumer au contraire » (I, 5). Ainsi, qui donc eût pu prédire qu'une fenêtre de Trianon allait déclencher la guerre de la Ligue d'Augsbourg ? L'anecdote est célèbre, le plus souvent citée à charge pour souligner la myopie du mémorialiste, son optique étroitement personnelle et curiale, mais qui, pourtant, dans la succession rapide et croissante des chocs qui se suivent jusqu'à leur effrayante conséquence, révèle chez Saint-Simon, par-delà une doctrine historiographique au demeurant partagée, une épistémologie politique fondée sur le conflit des intérêts et des sensibilités. Le Roi, note Saint-Simon, faisait alors reconstruire le château de Trianon. « Louvois était surintendant des Bâtiments. Le Roi, qui avait le coup d'œil de la plus fine justesse, s'aperçut d'une fenêtre de quelque peu plus étroite que les autres. [...] Il la montra à Louvois pour la faire réformer [...] : Louvois soutint que la fenêtre était bien ; le Roi insista, et le lendemain encore, sans que Louvois, qui était entier, brutal, et enflé de son autorité, voulût céder » (III, 361). Ayant commandé à Le Nôtre de s'y trouver aussi quelques jours plus tard, « il fut question de la fenêtre, que Louvois opiniâtra toujours de largeur égale aux autres. Le Roi voulut que Le Nôtre l'allât mesurer, parce qu'il était droit et vrai, et qu'il dirait librement ce qu'il aurait trouvé. Louvois, piqué, s'emporta ; le Roi, qui ne le fut pas moins, le laissait dire [...]. Le Nôtre trouva et dit que le Roi avait raison de quelques pouces : Louvois voulut imposer ; mais le Roi, à la fin trop impatienté, le fit taire, lui commanda de faire défaire la fenêtre à l'heure même, et, contre sa modération ordinaire, le malmena fort durement. Ce qui outra le plus Louvois, c'est que la scène se passa non seulement devant les gens des Bâtiments, mais en présence de tout ce qui suivait le Roi en ses promenades » (III, 362). Il retourna chez lui furieux et résolu à déclencher une guerre qui le rendît nécessaire et ferait oublier au Roi « la truelle » (III, 362). La dynamique qui emporte le flot vers l'abîme est réactivée par des heurts qui se suivent moins qu'ils ne s'additionnent : le désaccord de Louis XIV et de Louvois sur un détail de maçonnerie, l'exaspération du souverain, la fureur et l'humiliation du ministre, la guerre déclarée à l'Empire, la mise à sac du Palatinat, dans une progression hyperbolique des blessures et des destructions.

On trouve un avatar de ce récit dans la gradation des hostilités entre Louis XIV et Guillaume d'Orange. Le Roi avait proposé au prince d'épouser sa fille aînée, Mlle de Blois, « dans un temps où ses prospérités et son nom dans l'Europe lui persuadaient que cela serait reçu comme le plus grand honneur » (I, 417), mais le futur stathouder lui fit répondre « que les princes d'Orange étaient accoutumés à épouser des filles légitimes des grands rois, et non pas leurs bâtardes. Ce mot entra si profondément dans le cœur du Roi qu'il ne l'oublia jamais » (I, 417). Il s'y logea comme la pointe d'une arme, retournée contre lui par le prince dont la fierté avait été froissée. Toute tentative d'apaisement fut inutile, la cascade progressa suivant sa terrible logique : « [l]es ministres du Roi en Hollande eurent toujours un ordre exprès de traverser ce prince, non seulement dans les affaires d'État, mais dans toutes les particulières et personnelles, de soulever tout ce qu'ils pourraient de gens des villes contre lui, de répandre de l'argent pour faire élire aux magistratures les personnes qui lui étaient le plus opposées, de protéger ouvertement ceux qui s'étaient déclarés contre lui [...]. Enfin, désespérant d'obtenir de rentrer dans les bonnes grâces du Roi » (I, 417-418), Guillaume joignit la Ligue d'Augsbourg, se fit couronner à Londres, déclara la guerre à la France et força Louis XIV à le reconnaître roi d'Angleterre.

Comme celle de Trianon, cette histoire revient à reprises sous la plume du mémorialiste, pour lequel elle a valeur de paradigme. La blessure d'amour-propre y entraîne par une syllepse irrépressible les milliers de mutilations et de morts d'une guerre. Le contraste des plans, la brusque mise en regard du moral et du physique, de l'individuel et du collectif, donne au lecteur le sentiment que les choses suivent le cours d'un corps grave, dévalant de plus en plus vite un plan accidenté comme l'escalier du *Potemkine*. Il est vrai que les chutes de nature politique n'aboutissent pas toujours à des embrasements généralisés, certaines catastrophes sont entièrement personnelles, mais elles conservent ce caractère de précipitation, d'effondrement spectaculaire. La princesse des Ursins, *camarera-mayor* de la reine d'Espagne, parvenue au dernier période de la faveur et de l'ascendant, chassée une première fois en 1704, puis rentrée en grâce, surnagea encore dix ans avant de sombrer. Saint-Simon consacre à la chute de cette amie ancienne un long récit haletant et fort admiré. Elle venait de conclure le remariage de Philippe V avec Élisabeth Farnèse. Le 23 décembre 1714, elle laissa le roi à Guadalajara, où les noces devaient être célébrées, et se rendit à Jadraque chercher la nouvelle reine, qui venait d'arriver de Parme. L'entrevue fut orageuse. La reine reprocha à la princesse de lui manquer de respect et lui commanda de sortir. « Elle voulut parler et se défendre des reproches qu'elle recevait ; la reine, redoublant de furie et de menaces, se mit à crier qu'on fît sortir cette folle de sa présence et de son logis, et l'en fit mettre dehors par les épaules » (V, 160). Puis elle la fit arrêter par le lieutenant des gardes du corps et conduire hors du royaume *manu militari* :

> Mme des Ursins fut donc arrêtée à l'instant et mise en carrosse avec une de ses femmes de chambre, sans avoir eu le temps de changer d'habit ni de coiffure, de prendre aucune précaution contre le froid, d'emporter ni argent ni aucune autre chose, ni elle ni sa femme de chambre, et sans aucune sorte de nourriture dans son carrosse, ni chemise, ni quoi que ce soit pour changer ou se coucher. [...] Il étoit lors près de sept heures du soir, la surveille de Noël, la terre toute couverte de glace et de neige, et le froid extrême et fort vif et piquant, comme il est toujours en Espagne. [...] La nuit étoit si obscure qu'on ne voyoit qu'à la faveur de la neige. Il n'est pas aisé de se représenter l'état de Mme des Ursins dans ce carrosse. L'excès de l'étonnement et de l'étourdissement prévalut d'abord et suspendit tout autre sentiment ; mais bientôt la douleur, le dépit, la rage et le désespoir se firent place. Succédèrent à leur tour les tristes et profondes réflexions sur une démarche aussi violente et aussi inouïe [...], et de là les espérances en la surprise du roi d'Espagne, en sa colère, en son amitié et sa confiance pour elle [...][21].

Elle attendit en vain une réaction de sa part. Cette fuite en avant crépusculaire, le froid « tel que le cocher en perdit une main » (V, 161), l'obscurité glacée qui prolonge les ténèbres de la disgrâce et du bannissement donnent à la « catastrophe » (V, 165) de la princesse quelque chose de fantômatique. Les états d'esprit par lesquels passe Mme des Ursins surgissent dans la nuit comme si elle tombait de l'un à l'autre, précipitée « du faîte de la toute-puissance » (V, 162), « du trône » (V, 163) même, jusqu'à l'entier dénuement de ces hôtelleries d'Espagne « où il n'y a quoi que ce soit » (V, 161) que ce qu'on y apporte.

21 GEF, XXVI, 106-107 ; Pléiade, V, 161.

DIPLOMATIE

Toutes les ires royales ne s'achèvent pas sur un coup de foudre, à condition d'user d'adresse ; or Saint-Simon l'intransigeant sait au besoin se montrer souple. Cet homme de principes est aussi un politique et un diplomate, d'abord « en chambre[22] », puis au ministère et sur le terrain. L'aptitude, exceptionnelle chez lui, à pressentir, éprouver, expliquer les conflits est nécessaire à leur désamorçage, voire à leur résolution. Deux audiences qu'il eut du Roi le montrent d'une flexibilité inattendue et expert en réserve mentale. À la fin de 1703, après s'être roidi dans une affaire de rang pour éviter que les princes étrangers n'usurpent quelque distinction sur les ducs lors des quêtes aux messes des grandes fêtes, Saint-Simon s'était attiré la colère de Louis XIV, qui dit devant témoins « que c'était une chose étrange que, depuis que j'avais quitté son service, je ne songeasse qu'à étudier les rangs et à faire des procès à tout le monde ; que j'étais le premier auteur de celui-ci, et que, s'il faisait bien, il m'enverrait si loin que je ne l'importunerais de longtemps » (II, 412). Soucieux de se disculper, Saint-Simon sollicite un entretien dans lequel il manœuvre pour énoncer beaucoup de choses et en taire quelques autres, afin de ne pas heurter l'autorité du Roi, expliquant par exemple qu'il avait voulu éviter que les princes se forment des avantages, mais sans avoir songé jamais à se soustraire à la volonté royale. « Sire, continuai-je, Votre Majesté peut-elle s'imaginer que nous tenions aucune fonction au-dessous de nous en sa présence » (II, 414) ? Plutôt que de lui déplaire, il aurait, dit-il, lui-même « quêté dans un plat comme un marguiller de village » (II, 414) et l'assura qu'il était « despotiquement le maître de nos dignités, de les abaisser, de les élever, d'en faire comme d'une chose sienne et absolument dans sa main » (II, 415). Rappeler ce pouvoir sans borne – sans le déplorer à haute voix – était charmer le monarque, qui prit un air de bonté pour lui dire « que c'était là comme il fallait penser et parler, [et] qu'il était content de [lui] » (II, 415). La seconde audience eut lieu six ans plus tard, après quatre années d'une faveur retrouvée telle qu'on avait pu songer à lui pour l'ambassade de Rome ; mais, à la fin de 1709, la disgrâce s'apesantissait à nouveau sur lui et,

22 F. M. Plaisant, « Saint-Simon diplomate », *Cahiers Saint-Simon*, n°16, 1988, p. 7.

après avoir songé à une retraite entière de la cour, dont il fut détourné par la duchesse et par ses amis, il prit le parti de voir le Roi pour lui parler. « [J]e le supplia[i] de trouver bon que je me déchargeasse le cœur en sa présence, ce fut mon terme, et que je lui disse diverses choses qui me peinaient infiniment, et dont je savais qu'on m'avait rendu auprès de lui de fort mauvais offices [...]. "Mais aussi, monsieur, c'est que vous parlez et que vous blâmez ; voilà ce qui fait qu'on parle contre vous." Je répondis que j'avais grand soin de ne parler mal de personne ; que, pour [*sic*] de Sa Majesté, j'aimerais mieux être mort, en le regardant avec feu entre deux yeux ; qu'à l'égard des autres, encore que je me mesurasse beaucoup, il était difficile que des occasions ne donnassent pas lieu à parler quelquefois un peu naturellement » (III, 703-704), et de même pour certaines affaires, sur lesquelles il lui était arrivé de s'échapper « d'abondance de cœur » (III, 704), comme celle du pari de Lille, qu'il lui exposa sur le champ, « avec la légèreté qu'il convenait [d'avoir] sur les acteurs avec lui » (III, 705). Tout ce vocabulaire affectif, qui fait rouler ses censures sur des mouvements spontanés du cœur et non sur un projet réfléchi ou sur des jugements arrêtés, cette allure de confidence, sinon de confession, et cet air « d'épanchement » (III, 708), le mettent aux pieds de son souverain comme un fils aimant et confiant. Aussi le Roi prend-il un « vrai air de père » (III, 706) pour lui dire qu'il mérite un peu sa réputation d'être vif sur les rangs. « Cela doit vous montrer aussi combien vous devez éviter tout cela, pour laisser tomber ce qu'on en peut dire, et faire tomber cette réputation par une conduite sage là-dessus et suivie, pour ne point donner prise sur vous » (III, 707) : affectueuse semonce, qui témoigne du succès de l'audience, depuis laquelle il fut toujours bien traité du Roi, et même « avec une distinction marquée pour mon âge, jusqu'à sa mort et sans lacune » (III, 709).

Alors âgé de trente-cinq ans, Saint-Simon n'est plus un jeune homme. Sur les affaires étrangères, il a lu et réfléchi, comme le révèle l'examen de sa bibliothèque, où l'on trouve une trentaine de volumes publiés les années précédentes (1697-1710) et contenant les négociations et les mémoires relatifs aux traités de Ryswick, de Nimègue et de Münster, ainsi que différentes pièces des ambassades du marquis de Croissy, du maréchal d'Estrades et du comte d'Avaux. Il a fréquenté à la cour, depuis sa retraite de l'armée, tous les grands diplomates de son temps, et particulièrement le nonce Gualterio et François de Callières, qui devinrent ses amis. Il avait dès 1705 soumis à celui-ci un plan de partage de l'Europe qui donnait « à l'Archiduc ce que nous pourrions difficilement soutenir [...] [et] laisserait Philippe V un grand roi en lui donnant toute l'Italie, excepté ce qu'y tenaient le Grand-duc et les républiques de Venise et Gênes, l'État ecclésiastique, et Naples et Sicile, trop éloignés [...] ; avoir [*sic*] pour le Roi la Lorraine et quelques autres arrondissements, et placer ailleurs les ducs de Savoie, de Lorraine, de Parme et de Modène » (II, 645). Sa nomination résolue puis avortée à l'ambassade de Rome, l'année suivante, témoignait d'une reconnaissance encore feutrée dans les réseaux dont il disposait ; à partir de 1715, devenu ministre d'État par sa place au Conseil de Régence, il exercera sur les Affaires étrangères une influence active, quoique bientôt contrariée par la politique anglaise du Régent.

La Triple Alliance signée avec la Grande-Bretagne et les Provinces-Unies en 1717, devenue Quadruple Alliance avec l'Empire en 1718, faisait pièce aux prétentions de Philippe V et de son premier ministre, le cardinal Alberoni, qui voulaient revenir sur les traités de paix d'Utrecht, de Rastatt et de Bade afin de rendre à l'Espagne ses anciennes possessions en Italie et préserver les droits de Philippe V sur la couronne de France. Ce renversement des alliances traditionnelles de la France, inspiré par l'abbé Dubois, présentait aux yeux du Régent le double avantage de garantir la stabilité européenne après des décennies de guerres ruineuses et de protéger son rang dans l'ordre de succession au trône en cas de mort prématurée de Louis XV. Les formes des renonciations solennelles de 1712 n'avaient guère rassuré les puissances sur le risque de voir les couronnes de France et d'Espagne ceintes par un même homme, et Saint-Simon lui-même ne les trouvait pas suffisantes. « Dès la naissance de la difficulté, elle avait été traitée entre les ducs de Chevreuse, de Beauvillier et moi [...]. [N]ous tombâmes aisément d'accord sur ce que [je] représentai » (IV, 521), soit la nécessité d'une confirmation par les pairs. Saint-Simon conseillait les ducs d'Orléans et de Berry : il leur expliqua « cette importante matière » (IV, 524) avant de rédiger, dans le plus grand secret, son *Mémoire succinct sur les formes*. Il fallut ensuite que Beauvillier fît avaler à Louis XIV la couleuvre d'une « proposition qu'il trouverait si choquante de cette autorité dont il était idolâtre, à la déification de laquelle il avait employé tout son règne » (IV, 532). Aussi le Roi ne voulut-il jamais s'y rendre. Le mémorialiste, qui pensait que l'enregistrement simple des renonciations par le Parlement « coupait la gorge » (IV, 533) aux princes, qui leur « avai[t] parlé raison, règle, lois, droits, justice, intérêt le plus palpable » (IV, 538), dut à regret défaire son œuvre et « ruin[er] ce qu['il] avai[t] édifié » (IV, 540) en les convainquant de laisser le Roi régler les renonciations à sa guise. La conséquence cinq ans plus tard fut que les droits du Régent demeuraient fragiles, comme le lui rappelle énergiquement son conseiller :

> [O]ù en seriez-vous si le roi d'Espagne [...] entrait en France désarmé, publiait qu'il vient se livrer à ces mêmes Français qui l'ont mis et qui l'ont maintenu sur le trône, qui sont les sujets de ses pères et de son propre neveu paternel ; qu'il ne vient que pour le secourir et en prendre la régence, que sa naissance lui donne sitôt que son absence ne l'en exclut plus [...] ? [J]e vous confesse, monsieur, [...] moi qui suis à vous dès l'enfance, et qui savez à quel point j'y suis, qui ai tout à attendre de vous, et quoi que ce soit de nul autre, je vous confesse, dis-je, que, si les choses venaient à ce point, je prendrais congé de vous avec larmes, j'irais trouver le roi d'Espagne, je le tiendrais pour le vrai régent et le dépositaire légitime de l'autorité et de la puissance du Roi mineur (VII, 325).

Or c'était cette situation du Régent qui l'avait engagé, selon le mémorialiste, à s'allier au roi d'Angleterre « par une maxime purement personnelle, conséquemment détestable » (V, 836), car en matière d'État seul doit compter l'intérêt général. « Cette maxime était que le roi George était un usurpateur de la couronne de la Grande-Bretagne, et, si malheur arrivait au Roi, M. le duc d'Orléans serait aussi usurpateur de la couronne de France ; conséquemment même intérêt en tous les deux, et raison [...] de se conduire au point de se garantir ces deux couronnes mutuellement » (V, 836). Jamais Saint-Simon ne put se résoudre à mener une telle diplomatie, car il était convaincu qu'elle reposait sur un principe faux et sur un raisonnement spécieux, un « poison présenté avec [...] adresse » (V, 836). Elle choquait à ses yeux l'intérêt profond de la France et les rapports qu'elle devait entretenir avec les autres puissances : union « indissoluble et perpétuelle » (V, 838) avec l'Espagne, à laquelle l'unissaient, par-delà les ambitions des uns ou des autres, les liens de la famille, et défiance face à l'Angleterre et à l'Empire, ses « ennemis essentiellement naturels » (V, 838), et qui avaient un intérêt profond à neutraliser la France et à lui lier les mains. Ce qui paraissait au Régent un motif de renverser les alliances n'était pour Saint-Simon qu'un marché de dupes, auquel il ne cessa jamais de s'opposer, du moins en privé. Il évita toutefois de le faire publiquement au conseil de Régence. Le champion intrépide cédait ainsi à la prudence politique ; ce n'était pas toujours le cas. « Il m'était arrivé plus d'une fois de m'opposer fortement à ce qu'il voulait faire passer en matière d'État aussi bien qu'en d'autres » (VI, 156), opinant en son honneur et conscience, comme le voulait la probité. Mais il était convenu avec le Régent que, si celui-ci voulait faire passer une mesure avec laquelle Saint-Simon était en désaccord, il pouvait lui demander de s'« abstenir du Conseil le jour que cette affaire y sera[it] portée » (VI, 157) : vraie ruse de casuiste par laquelle il sauvait à la fois la vérité et l'amitié.

Cet art du ménagement, auquel Saint-Simon ne nous a pas habitué dans ses luttes personnelles, le servira pendant son ambassade en Espagne, aboutissement de sa politique étrangère, qui consolidait par un double mariage les liens entre les deux royaumes. Le Régent le désigna pour cette fonction au cours de l'été 1721. Dubois, qui était lors secrétaire d'État aux affaires étrangères, et que n'enchantaient sans doute ni cette alliance ni cette nomination, ne fit rien pour lui en aplanir le chemin et éleva divers obstacles que le duc et pair dut lestement franchir. « Le Cardinal avait entrepris de me ruiner, et de me susciter tout ce qu'il pourrait d'embarras d'affaires et de tracasseries » (VII, 849) : il lui donna ainsi l'ordre verbal « de prendre la première place à la signature du contrat de mariage du Roi, et à la chapelle, aux deux cérémonies du mariage du prince des Asturies, et de ne la laisser prendre sans exception à qui que ce fût » (VII, 857-858), même au nonce et au majordome-major, ce qui était proprement le charger d'une usurpation ; Saint-Simon protestant, Dubois lui répondit par un ordre supplémentaire, « qui était de prendre bien garde à ne rendre la première visite à qui que ce fût sans exception » (VII, 858), alors que le protocole voulait qu'il la rendît au moins au ministre chargé des affaires étrangères. Saint-Simon se trouvait écartelé entre l'ordre exprès de son secrétaire d'État et l'impérieuse règle de préséance dont il était expert, une double contrainte qui le menait ou à l'impair ou à la désobéissance selon l'infraction qu'il commettrait. Il échappa au dilemme où l'on voulait l'enfermer par un tour de souplesse. La chance lui avait souri à Madrid lorsque Grimaldo, secrétaire d'État, « surpris et fort aise de mon arrivée » (VIII, 13), vint chez lui sans attendre, suivi de la plupart des grands de la cour, levant de la sorte « toute difficulté sur la première visite à l'égard de tous ceux à qui elle était due de ma part, et de ceux qui la pouvaient prétendre, dont j'eus le sang bien rafraîchi » (VIII, 14). Restait l'embarras de son rang aux noces royales et princières. Le mémorialiste explique qu'il avait opté pour une préséance obtenue par la confusion et qu'il avait, dans cette optique, rendu au nonce et au majordome-major d'infinies politesses « pour leur ôter toute sorte d'idée que j'imaginasse de les précéder quand je les précéderais effectivement ; je pensai que les précéder effectivement et nettement l'un ou l'autre serait une entreprise que je ne pourrais soutenir » (VIII, 38). Cette préséance *de facto* qui ne prétendait rien *in jure*, *mezzo termine* comme ceux qu'affectionnait son ami le Régent, procédait par dissociation, Saint-Simon devant à la manière d'un comédien agir sans habiter intérieurement son acte et revêtir en cette circonstance pourtant solennelle le costume peu seyant d'un étourdi. Le récit de cette farce par lui mise en scène, avec sa drôlerie physique, est une rareté. Impossible de s'installer à la place du majordome-major, derrière le fauteuil du roi, ou à celle du nonce, sur le côté droit :

> [L]a prendre, c'étoit le repousser hors du bras du fauteuil, contre le bout de la table, et sûrement il ne l'auroit pas souffert, non plus que le majordome-major pour la sienne. Je résolus donc d'hasarder un milieu, de tâcher de me fourrer au haut du bras droit du fauteuil, un peu en travers, pour ne prendre nettement la place ni de l'un ni de l'autre, mais de les écorner toutes les deux pour m'en faire une, et de couvrir cela d'un air d'ignorance et de simplicité d'une part, et de l'autre d'empressement, de joie, de curiosité, d'engouement de courtisan qui veut parler au roi et l'entretenir tant qu'il sera possible. Ce fut aussi ce que j'exécutai, en apparence niaisement, et en effet très heureusement. [...] Le majordome-major et le nonce, qui suivoient le dernier Infant, me trouvant à ce coin de fauteuil où je m'étois placé, entrant à côté du roi et lui parlant, parurent fort surpris. J'entendis répéter *signore* et *señor* à droit et à gauche en me parlant ; car tous deux s'exprimoient assez difficilement [en] françois ; moi, révérences de côté et d'autre, air riant d'un homme tout occupé de la joie de la fonction, et qui n'entendit rien à ce qu'ils me vouloient dire, reprenant la parole avec le roi avec une sorte de liberté d'enthousiasme, tellement que tous deux se lassèrent d'interpeller un homme dont l'esprit transporté ne comprenoit rien à ce qu'ils lui vouloient dire, ni à la place qu'il avoit prise[23].

Voilà donc Monseigneur, féru d'étiquette et spécialiste des dignités, prenant l'air niais et payant de « révérences perpendiculaires » (I, 111) ceux à qui il devait de meilleure monnaie : peut-on rien imaginer de

23 GEF, XXXVIII, 374-377 ; Pléiade, VIII, 38-41.

plus inattendu – de plus élastique ? Il y eut un *second tome* de cette plaisanterie deux mois plus tard au mariage du prince des Asturies et de Louise-Élisabeth d'Orléans, à la chapelle où il « précède tranquillement le Nonce, sans faire semblant de rien » (VIII, 303) et riant pour faire diversion des pataquès du cardinal Borgia qui célébrait. Les aptitudes d'un bon diplomate, qui doit s'imposer sans choquer, sont parfois surprenantes.

LE CONTRASTE DES TEMPS

Saint-Simon politique sait contredire, dénoncer, heurter des résistances ; toujours approbateur, le conseiller serait inutile, nuisible même. Mais ses avis peuvent aussi différer entre eux, voire s'opposer du tout au tout selon les circonstances qui déterminent sa délibération. Dans le monde sublunaire où tout fluctue, les critères du choix se transforment sans cesse. Loin d'être un signe d'inconséquence ou de mauvaise foi, se contredire peut être la preuve d'un jugement aigu porté sur l'événement et sur les conjonctures qui l'affectent. En 1717, les princes du sang demandaient au Régent justice dans le différend qui les opposait aux princes légitimés quant à leur rang, et ceux-ci prétendaient n'être jugés que par le Roi majeur ou par les états généraux. Par un concours étrange, le duc de Noailles, « sujet en toutes choses à voler d'idée en idée et de passer subitement aux plus contradictoires [...], [s']avis[a] de souhaiter à contretemps ce qu'il avait tout seul empêché si fort à temps » (VI, 287-288) et plaida lui aussi pour des états généraux qui chercheraient une solution au délabrement des finances publiques. Sous cette double impulsion, le duc d'Orléans consulta Saint-Simon, qui s'objecta à leur convocation par un mémoire repris *in extenso* dans l'œuvre, signe de son importance aux yeux du mémorialiste : après avoir rappelé en préambule son « goût naturel » (VI, 289) pour une institution que, dans ses projets de gouvernement avec le Dauphin, il avait suggéré de réunir tous les cinq ans, et qu'il avait pressé le Régent de convoquer à la mort de Louis XIV, Saint-Simon déclare que ces avis sont désormais non avenus. « Le premier ne pouvait être d'usage que sous un roi majeur et selon le cœur de Dieu, né pour être le père de ses peuples, le restaurateur de l'ordre, et un modérateur incorruptible par un discernement exquis de la justice et de ses intérêts véritables » (VI, 290) ; le second ne convenait qu'à l'inauguration de la régence, avant que le duc d'Orléans se soit commis sur les finances par toutes sortes d'opérations pénibles dont il eût mieux valu rendre les états généraux responsables, car « le mal qu'on se fait à soi-même est infiniment moins douloureux » (VI, 329). Aujourd'hui, une telle assemblée serait inutile, produisant le spectacle du « choc certain entre les fonciers et les rentiers » (VI, 296) et des résolutions contradictoires qui s'annuleraient les unes les autres, sans compter les dangers nombreux qu'elle ferait courir au gouvernement et que le mémorialiste expose en détail. Il conclut à la « grande et totale différence de la tenue des états généraux à la mort du Roi, d'avec leur tenue à présent » (VI, 328). Le décalage conjoncturel oppose comme en chiasme la grandeur ou la ténuité des bénéfices et des périls d'une même décision selon les époques, l'unité à la dissension et le salut à la perte ; il explique pourquoi le mémorialiste retourne apparemment sa veste sur les moyens, alors qu'il se tient ferme sur le plan supérieur des buts.

Saint-Simon sait donc passer, lui aussi, d'une idée à son contraire, mais à rebours de Noailles, il ne le fait pas à contretemps ou par intérêt. En 1711, l'année bénie où les cieux s'ouvrirent pour la France, Beauvillier forma le projet, agréé par le Dauphin, de faire nommer Saint-Simon gouverneur du duc de Bretagne, alors âgé de quatre ans, lorsque celui-ci sortirait des mains des femmes : cette place d'une proximité « intime » (IV, 328) avec deux futurs rois, père et fils, fut un honneur dont Saint-Simon dut être pénétré. Mais « Dieu, qui souffle sur les projets des hommes, n'a pas permis l'accomplissement de celui-là » (IV, 328), car le jeune prince ne survécut que quelques jours à ses parents, morts l'année suivante ; l'espérance de la couronne se reporta sur la tête du puîné, le petit duc d'Anjou, après cette hécatombe dont on sait qu'elle meurtrit durablement le mémorialiste. Elle changea aussi entièrement la donne, car la disparition brutale des héritiers du trône fit longtemps suspecter Philippe d'Orléans, premier prince du sang, de les avoir fait supprimer ; aussi Louis XIV fit-il donner par testament la responsabilité de l'éducation de son successeur au duc du Maine, et sous lui à son favori le maréchal de Villeroi, « l'homme le plus inepte à cet emploi qu'il y eût peut-être dans toute la France » (V, 594). Lorsqu'il prit ses fonctions deux ans plus tard, celui-ci affecta la plus grande méfiance, allant jusqu'à refuser de laisser seuls ensemble le Régent et le Roi ; l'offense permanente étant insupportable, le Régent résolut à la fin de s'en débarrasser. « Travaillant un jour à mon ordinaire, tout à la fin de cette année [1719], avec M. le duc d'Orléans, il m'interrompit un quart d'heure au plus après avoir commencé, pour me faire ses plaintes du maréchal de Villeroi. Cela lui arrivait quelquefois ; mais de là, s'échauffant en discours de plus forts en plus forts, il se leva tout d'un coup, et me dit que cela n'était plus tenable, car ce fut son expression, qu'il voulait et allait le chasser, et tout de suite que je fusse gouverneur du Roi. Ma surprise fut extrême ; mais je ne perdis pas le jugement. [...] Je convins de tout sur le maréchal de Villeroi [...] ; mais je m'opposai fortement à l'ôter » (VII, 565-566). Le Régent revint à la charge l'année suivante, et à nouveau celle d'après, pour chasser à la fin cette « guêpe qui l'infestait » (VII, 745) ; mais le duc et pair persista à refuser la charge qu'il avait autrefois désirée et insistait qu'on « prît garde à la différence des temps et des circonstances pour en faire la comparaison » (VII, 749). S'il devenait en effet gouverneur de Louis XV, et qu'un malheur survînt, accident, maladie, Saint-Simon se sentait « incapable de soutenir tout ce qui se répandrait sur M. le duc d'Orléans, et qui en plein rejaillirait sur [lui] ; que, si malheur arrivait au Roi, [il] courai[t] toutes sortes de risques d'entendre publier qu'il n'aurait été mis entre [s]es mains que pour avoir plus de liberté de s'en défaire, soit par [s]a négligence, soit par [s]a connivence, à quoi [il] [s]e sentai[t] radicalement incapable de survivre un moment » (VII, 747). Par le malheur des temps, l'honneur, qui devait faire rechercher cette place, doit à présent la faire fuir ; mieux vaut souffrir les piqûres de la guêpe que se précipiter sur le guêpier.

Peu de courtisans chez Saint-Simon ont sa constance dans le projet, son à-propos dans l'exécution : certains changent diamétralement d'avis ou d'attitude à tout moment, mobiles, guidés par l'intérêt, emportés par leur versatilité, et offrent le spectacle d'un contraste perpétuel. Ainsi le duc de Noailles, qui n'a de suite que pour l'intrigue, se revêt « sur-le-champ des goûts de chacun ; égale facilité à louer et à blâmer le même homme ou la même chose, suivant la personne qui lui parle » (V, 284) ; la princesse d'Harcourt est « basse comme l'herbe, ou sur l'arc-en-ciel, selon ceux à qui elle avait affaire » (II, 271) ; de même, Villeroi, « glorieux à l'excès par nature, bas aussi à l'excès pour peu qu'il en eût besoin » (V, 276) ; et le duc d'Oléans, « glorieux sans la moindre dignité, [qui] refusait tout en ce genre [d'honneurs], ou en faisait litière » (VIII, 402), suivant sa fantaisie et l'occasion. Ce sont des Janus tournoyants. Leur commerce peut se révéler plein de *spropositi* qui tombent comme des pavés dans une mare. Le Régent « se plaisait assez souvent à mêler quelques plaisanteries dans les affaires les plus sérieuses, surtout avec moi, à placer quelques bourles et quelques disparates pour m'impatienter et s'éclater de rire de la colère où cela me mettait toujours, et à se divertir de ce que je ne m'y accoutumais point » (VIII, 499-500). Ce mélange de bouffonnerie et de gravité caractérise également certaines situations, les deuils les plus tristes sont parfois entrecoupés par une « farce imprévue » (IV, 496) dont le choc secoue l'assistance. Le mémorialiste conte dès le début de sa chronique, en 1693, la burlesque explosion qui interrompt la pompe funèbre de Mademoiselle. « Au milieu de la journée et toute la cérémonie présente, l'urne qui était sur une crédence et qui contenait les entrailles se fracassa avec un bruit épouvantable et une puanteur subite et intolérable. À l'instant voilà les dames pâmées d'effroi, les autres en fuite. Les hérauts d'armes, les feuillants qui psalmodiaient, s'étouffaient aux portes avec la foule qui gagnait au pied. [...] C'étaient les entrailles mal embaumées qui par leur fermentation avaient causé ce fracas. Tout fut parfumé et rétabli, et cette frayeur servit de risée » (I, 54). L'odeur immonde surgit brutalement des restes de la très haute et très puissante princesse ; et cette épiphanie de boyaux décomposés révèle d'un coup le peuple caché sous le hiératisme solennel des cisterciens et des officiers. Ainsi le contretemps, qui peut prendre à l'écrit la forme d'antithèses plus ou moins marquées, d'alliances de mots ou d'idées, revêt parfois l'allure de récits paradoxaux. À l'autre extrémité des *Mémoires*, Saint-Simon, dressant la liste des grands d'Espagne à l'époque de son ambassade, consacre un long article au marquis de Santa-Cruz, majordome-major de la reine. « Il avait essuyé un étrange contraste. Sa femme l'avait accusé d'impuissance. Il y eut sur cela un grand procès ; il le perdit, et peut-être qu'il n'en fut pas fâché. [...]. Assez peu après, il fut attaqué par une fille bourgeoise, pour qu'il eût à se charger d'un enfant qu'elle prétendit qu'il lui avait fait : nouveau procès, et il le perdit encore. On voit qu'il n'était pas heureux en procès » (VIII, 152). Sur le ton de la fine plaisanterie, l'auteur laisse « juger ce qu'une telle matière fournit » (IV, 497) de gaillardises salaces, comme dans l'histoire semblable du marquis de Gesvre. Le contraste, sérieux s'il affecte la conjoncture, est comique quand il touche le caractère : la tartufferie, la bassesse, l'ordure même ne sont jamais loin, la fausseté perce sous les fleurs, et comme Mlle de Levenstein, le lecteur voit « le tuf à travers tous les ornements » (I, 315).

LA CONSTITUTION UNIGENITUS

La piété de Saint-Simon, dévoué depuis l'enfance à Rancé, ne fait aucun doute ; et bien qu'il ait prétendu ne pas traiter des affaires religieuses, on devine qu'il les a suivies de près, car il n'a pu retenir ses traits. Les principales de son temps – « orage » du quiétisme, jansénisme, querelle des rites chinois –, sont du reste liées dans son esprit et ces confluents aboutissent à la bulle *Unigenitus*, qui révoltait son gallicanisme : une constitution apostolique contre laquelle il n'a cessé de fulminer, « si fatale à l'Église et à l'État, si honteuse à Rome, si funeste à la religion, si avantageuse aux jésuites, aux sulpiciens, aux ultramontains, aux ignorants, aux gens de néant, et surtout à tout genre de fripons et de scélérats, dont les suites, dirigées autant qu'il leur a été possible sur le modèle de celles de la révocation de l'édit de Nantes, ont mis le désordre, l'ignorance, la tromperie, la confusion partout, avec une violence qui dure encore, sous l'oppression de laquelle tout le Royaume tremble et gémit [...], qui ont fait taire les lois, les tribunaux, les règles, pour faire place à une inquisition militaire qui ne cesse point d'inonder la France de lettres de cachet, et d'anéantir toute justice » (IV, 41). Aux yeux du mémorialiste, le coupable essentiel est le Père Le Tellier : il est le fil qui lie entre elles les différentes affaires. Membre du « sanhédrin ténébreux » (IV, 42) qui, au sein de la compagnie de Jésus, avait soutenu Fénelon, il s'était secrètement allié aux ducs de Chevreuse et de Beauvilliers – instruments innocents de ses noirceurs –, qui l'avaient mis à portée de succéder au Père de La Chaise comme confesseur du Roi. Il haïssait le cardinal de Noailles, seul survivant « des trois prélats qui avaient lutté contre l'archevêque de Cambrai lors de l'orage du quiétisme, et qui l'avaient culbuté à la cour et fait condamner à Rome » (IV, 303). Mais Le Tellier, « homme ardent, et dont la divinité était son molinisme et l'autorité de sa Compagnie » (III, 632), était aussi l'auteur d'une *Défense des nouveaux chrétiens, et des missionnaires de la Chine, du Japon et des Indes*, publiée en 1687 ; il était depuis entré fort avant dans la controverse autour des cérémonies chinoises. On sait par la correspondance de Saint-Simon l'intérêt actif qu'il a porté à cette querelle des rites et la protection accordée grâce à lui au savant Père Foucquet, en rupture de ban avec sa compagnie sur ces questions[24]. Le mémorialiste retrace l'origine de la Constitution *Unigenitus* dans les petites causes que sont les passions du Père Le Tellier, dans son désir de frapper un grand coup qui abbatît le cardinal de Noailles et qui sauvât les jésuites « de l'opprobre où leur condamnation sur la Chine les livrait » (IV, 42). Sur ces brûlants sujets, Saint-Simon apparaît comme l'exact opposé du Père Le Tellier, un antagonisme figuré par l'incroyable face-à-face à la chandelle dans l'arrière-cabinet du duc à Versailles : farouchement hostile à l'ultramontanisme, uni d'estime et de sentiment avec Port-Royal et quelques grandes figures du jansénisme – Pasquier Quesnel entre autres, des *Réflexions morales* duquel il possède deux exemplaires, ou Pierre Nicole, dont il a acquis les œuvres principales –, ami du cardinal de Noailles et, malgré son intime liaison avec plusieurs des membres du petit troupeau, partageant l'éloignement de son maître Rancé pour Fénelon et le quiétisme, enfin méfiant face au laxisme de la compagnie dans ses missions en Chine, le mémorialiste se dresse contre l'œuvre mauvaise qui puise ses mobiles à des sources impures et combine l'appétit de pouvoir, la violence et l'exquis orgueil.

Les aversions, les conflits de congrégations et de personnes apparaissent comme la force motrice de l'histoire religieuse, dont les controverses seraient l'expression doctrinale, seconde par rapport au plan moral et aux enjeux tactiques. On en trouve une illustration dans le récit de la querelle du quiétisme, cristallisée en France autour Fénelon et de « sa bonne amie » (I, 253) Mme Guyon, aux yeux desquels Godet, évêque de Chartres, diocésain de Saint-Cyr et directeur de Mme de Maintenon,

24 Voir H. Himelfarb et B. Neveu, « Saint-Simon, les jésuites et la Chine. Correspondance inédite avec le P. Foucquet et le cardinal Gualterio sur les affaires chinoises », *Cahiers Saint-Simon*, n°5, 1977, p. 37-48 ; n°6, 1978, p. 13-30 ; n°7, 1979, p. 26-36 ; et n°8, 1980, p. 17-36.

finit par devenir un « rival à abattre » (I, 272) dans la lutte d'influence auprès de l'épouse du Roi. Or, M. de Chartres se révéla un rude jouteur : ayant laissé Mme Guyon diffuser à Saint-Cyr sa « doctrine étrangère [...], il se mit bien au fait de tout, il l'examina avec exactitude, et, quand il crut qu'il était temps, il éclata » (I, 273), la fit chasser et rendit à la fin Fénelon suspect. Bossuet, entre les mains duquel elle avait signé une rétractation, et dont M. de Cambrai était l'ancien disciple, quoique désormais émancipé, se prépara peu après à publier ses *Instructions sur les états d'oraison* ; Fénelon « en sentit tout le poids, et la nécessité de le prévenir. [...] Il fit un livre inintelligible à qui n'est pas théologien versé dans le plus mystique, qu'il intitula *Maximes des saints* [...]. Si on fut choqué de ne le trouver appuyé d'aucune approbation, on le fut bien davantage du style confus et embarrassé, d'une précision si gênée et si décidée, de la barbarie des termes qui faisaient comme une langue étrangère, enfin de l'élévation et de la recherche des pensées qui faisaient perdre haleine comme dans l'air trop subtil de la moyenne région » (I, 368-369). Le contraste est total entre les deux livres contradictoires, se heurtant en plein ciel et prolongeant le conflit d'autorité des deux évêques, l'un choquant tout le monde par son obscurité et son ton péremptoire, l'autre, « à la portée ordinaire et secouru de la pointe de l'historique, [...] reçu avec avidité et dévoré de même » (I, 375).

Les jésuites, entés seulement sur le parti fénelonien – dans l'ombre, secrètement –, sont dans la persécution de Port-Royal et des jansénistes la vraie racine du mal, leur ambition de gouverner leur ayant fait persuader à Louis XIV « le contradictoire exact et précis de la vérité : savoir que toute autre école que la leur en voulait à l'autorité royale » (V, 551). L'accusation de jansénisme devint bientôt un « pot au noir » (IV, 265) pour perdre tous ceux qui ne pensaient pas comme eux ; et Saint-Simon, convaincu que Port-Royal, ce refuge de « saints solitaires illustres » (V, 551), a produit ce qu'il y eut en France « de plus pur, de plus savant, de plus instructif, de plus pratique, et néanmoins de plus élevé, mais de plus lumineux et de plus clair » (IV, 265), uni d'affinité avec eux et leurs ouvrages, dont les plus remarquables avaient trouvé place aux rayons de sa bibliothèque, chante l'éloge de ces livres pénétrants « qui ont répandu une si vive et si solide lumière pour discerner la vérité des apparences, le nécessaire de l'écorce, en faire toucher au doigt l'étendue si peu connue, si obscurcie, et d'ailleurs si déguisée, éclairer la foi, allumer la charité, développer le cœur de l'homme, régler ses mœurs, lui présenter un miroir fidèle, et le guider entre la juste crainte et l'espérance raisonnable » (V, 551), une formule évoquant leur doctrine de la grâce sans la nommer. Il n'est là nul schisme, nulle hérésie, nul parti opposé au Roi. Aussi est-il horrifié « lorsque le P. Tellier lui fit détruire jusqu'aux pierres et aux fondements matériels de Port-Royal, et y passer partout la charrue » (II, 328) : suppression infamante des traces de la sainteté, renversement de l'ordre et de la vérité, malfaisante conspiration.

Le même « complot affreux » (V, 554) avait causé la révocation de l'Édit de Nantes, que le mémorialiste évoque dans un tableau apocalyptique, avec l'éloquence d'un prédicateur en chaire, peignant comme un torrent le cataclysme politique et spirituel :

> qui dépeupla un quart du royaume, qui ruina son commerce, qui l'affoiblit dans toutes ses parties, qui le mit si longtemps au pillage public et avoué des dragons, qui autorisa les tourments et les supplices dans lesquels ils firent réellement mourir tant d'innocents de tout sexe par milliers, qui ruina un peuple si nombreux, qui déchira un monde de familles, qui arma les parents contre les parents pour avoir leur bien et les laisser mourir de faim, qui fit passer nos manufactures aux étrangers, fit fleurir et regorger leurs États aux dépens du nôtre et leur fit bâtir de nouvelles villes, qui leur donna le spectacle d'un si prodigieux peuple proscrit, nu, fugitif, errant sans crime, cherchant asile loin de sa patrie ; qui mit nobles, riches, vieillards, gens souvent très estimés pour leur piété, leur savoir, leur vertu, des gens aisés, foibles, délicats, à la rame et sous le nerf très effectif du comite, pour cause unique de religion, enfin qui, pour comble de toutes horreurs, remplit toutes les provinces du royaume de parjures et de sacrilèges, où tout retentissoit d'hurlements de ces infortunées victimes de l'erreur, pendant que tant d'autres sacrifioient leurs consciences à leurs biens et à leur repos, et achetoient l'un et l'autre par des abjurations simulées, d'où sans intervalle on les traînoit à adorer ce qu'ils ne croyoient point, et à recevoir réellement le divin corps du Saint des saints, tandis qu'ils demeuroient persuadés qu'ils ne mangeoient que du pain, qu'ils devoient encore abhorrer. Telle fut l'abomination générale enfantée par la flatterie et par la cruauté[25].

Les images barbares et pathétiques de la guerre civile, ce *peuple proscrit*, *nu*, *fugitif*, ces pieux vieillards aux galères, ces *hurlements* terrifient. Pourtant, parmi l'horreur, « jamais tant de triomphes et de joie » (V, 555) : on célébrait cette confusion comme un carnaval atroce où l'ordre de la charité, renversé et foulé au pied, laissait tout en proie au chaos.

25 GEF, XXVIII, 228-229 ; Pléiade, V, 554.

Or c'est cette même conduite qu'on tint à l'égard des appelants qui refusaient de se soumettre à la Constitution, ce « fruit amer » (V, 583) de l'ambition : évêques et clercs, bien sûr – dont le cardinal de Noailles –, mais aussi magistrats, issus de la robe gallicane. La « butte avec les parlements » (V, 584) rappelle encore une fois la guerre ; la butte, c'est la cible des exercices, et c'est le tir lui-même – « la chasse, la paume, la bute », écrivait Montaigne[26] – ; et de tels tirs croisés aboutissent à « l'interdiction de tous les tribunaux » (V, 584), auxquels on substitue sans nombre des lettres de cachet, des évocations ; de là « ce peuple entier d'exilés et d'enfermés dans les prisons, et beaucoup dans les cachots, [...] ce monde innombrable de personnes de tout état et de tout sexe dans les mêmes épreuves que les chrétiens soutinrent sous les empereurs ariens, surtout sous Julien l'Apostat, duquel on sembla adopter la politique et imiter les violences » (V, 584). Ainsi le fanatisme de la compagnie, mais aussi de quelques cardinaux – Mailly, Bissy, Rohan – de la part desquels « on [voit] des horreurs à faire dresser les cheveux sur la tête » (VII, 76), plonge la France dans des convulsions dont la soif de pouvoir et l'animadversion sont les nerfs. Parlant du cardinal de Mailly et de son « déchaînement forcené pour la Constitution », Saint-Simon rapporte que celui-ci lui aurait avoué que, « si le cardinal de Noailles avait été pour la Constitution, lui Mailly aurait été contre avec la même rage qu'il était pour cette bulle » (VII, 817). Point d'opposition si radicale ni de choc si violent qu'entre des principes ou ceux qui les incarnent.

ALLÉGORIES DE LA CHARITÉ

Dans une page de sa chronique de 1708, Saint-Simon note à propos de Le Haguais, avocat général, qu'à la fin de sa vie « sa piété s'accrut tellement, que le Chancelier et sa femme ne l'avaient plus à Pontchartrain autant qu'ils l'y voulaient. Ils l'appelaient leur muet, parce que la charité avait mis un cachet sur sa bouche, auquel on perdait beaucoup » (III, 145). Cette espèce d'allégorie, qui peint la charité sous les espèces du secret qu'elle impose – Ripa disait de celui-ci qu'il avait « une bague

26 Montaigne, *Essais* (II, 12), éd. M. Rat, Paris, Garnier, 1962, vol. I, p. 664.

en sa main droite, qu'[il] port[oit] à sa bouche, comme s['il] vouloit s'en servir pour la cacheter[27] » – partage le mémorialiste entre l'admiration pour la vertu et le regret pour l'esprit fin, plein de grâce et de réserve, « avec cela, salé, volontiers caustique, gai, plaisant, plein de saillies et de reparties, éloquent jusque par son silence » (III, 144), dont cette vertu le privait, amuïssant le silence même, qui ne disait plus rien. Une telle ambivalence, étonnante face à une vertu théologale, se change en réprobation pure et simple dans ce qui pourrait faire figure de seconde allégorie, ou mieux encore d'emblème : la bouteille dans laquelle la charité enferme le duc de Beauvilliers. L'image, empruntée elle aussi au registre du secret – et peut-être à l'expression « être dans la bouteille », faire partie de l'intrigue ou du complot, fréquente sous sa plume –, semble tirer sa portée dépréciative d'une autre locution, « voir par le trou d'une bouteille », dont le sens est presque à rebours de la précédente, et qui veut dire être tenu dans l'ignorance : ainsi « Mme de Maintenon, qui, par la mécanique de ses journées, ne voyait le jour que par le trou d'une bouteille, [...] était la plus grande dupe du monde de ceux pour qui elle se prévenait » (IV, 642). Or Saint-Simon gronde à reprises le duc de Beauvilliers « de sa profonde ignorance de tout ce qui se passait à la cour, et de cette charité mal entendue qui tenait ses yeux et ses oreilles de si court, et lui si renfermé dans une bouteille » (III, 386) ; au contraire, et « [m]alheureusement pour moi », clame ironiquement le mémorialiste, « la charité ne me tenait pas renfermé dans une bouteille comme les deux ducs » (II, 665), unis jusque dans l'épaisseur du verre. L'allégorie de la charité a donc la bouche et les yeux clos : elle ne dit rien, pis encore, ne voit rien ; au milieu des turpitudes de la cour, elle s'est absentée. C'est une vertu pour l'autre monde. Celle de Rancé, par exemple, était « infinie » (I, 552), comme il seyait à la clôture d'un abbé de la stricte observance ; aussi le mémorialiste n'éprouve-t-il pour elle que vénération. Celle du cardinal de Noailles, en revanche, excessive pour le titulaire d'un siège épiscopal, ménageait trop ceux qui profitaient de lui ; mais associée à l'innocence, à la patience, à des mœurs angéliques, elle nimbait le prélat d'une douceur qui fit prendre à Saint-Simon part aux peines qu'on lui causait. Celle du jeune Dauphin – nourrie par celle, « aveugle » (III, 464), de son gouverneur – posait par contre de graves

27 Cesare Ripa, « Secret, ou Silence », *Iconologie*, trad. Jean Baudoin, Paris, Mathieu Guillemot, 1644, p. 179.

problèmes politiques qu'il importait de prévenir, car elle le conduisait « à une ignorance entière [des] défauts [du prochain], et souvent aussi de ses vertus » (III, 811) ; dans un prince appelé à régner, ce dangereux « esclavage » (III, 823) avait pour corollaire le sacrifice du public au particulier. Dans le « Discours sur Monseigneur le duc de Bourgogne » écrit pour Beauvilliers en mai 1710, prélude à ses fonctions de conseiller aulique, Saint-Simon donne au prince à travers son ministre une leçon de discernement :

> Dieu, qui permet les défauts et les vices dans les hommes, et qui défend la calomnie, et même la médisance, leur a cependant donné des yeux pour voir et des oreilles pour entendre, et sa Providence, dont la sagesse est ineffable, et qui a si diversement ordonné des diverses sortes de fonctions de l'esprit humain, commande souvent aux uns ce qu'elle défend aux autres [...]. Si donc le commun des hommes ne doit voir et entendre qu'à travers la charité, qui croit tout, et qui souffre tout, et si l'exacte exécution de ce devoir forme la paix et la concorde, pourroit-on attendre le même fruit de cette même conduite fidèlement gardée par ceux qui maintenant sont commis à quelque sorte de gouvernement, et dans ceux encore entre les mains desquels est ou sera remise un jour la souveraine administration du Royaume ? La confusion, le chaos, les maux extrêmes, les pièges, les méprises grossières, les artifices, les énormes ignorances, en un mot les désordres sans nombre qui en résulteroient sautent si vivement aux yeux, qu'il est superflu de s'amuser aux preuves [...][28].

À la charité, l'homme d'État doit joindre les vertus cardinales, particulièrement de justice et de prudence, qui exigent clairvoyance et liberté dans l'action, loin de toute « enfermerie » (IV, 244).

Voilà des paroles bien fermes, d'un homme mûr déjà et qui a réfléchi. Saint-Simon cependant n'a pas toujours été si sûr de lui, du moins lorsqu'il a pris la plume. Au seuil géminé des Mémoires – dont la lettre à Rancé du 29 mars 1699 forme l'arcade chronologique et l'avant-propos de juillet 1743, l'arcade textuelle –, il s'inquiète des exigences d'une vérité qui veut qu'on lui sacrifie « toutes choses » (VIII, 662), jusqu'à la charité peut-être, peut-être plus encore : vérité tyrannique, dévoratrice, incendiaire, qui ne « ménag[e] personne par aucune considération » et expose en retour le mémorialiste à des « scrupules qui [l]e convieraient à la fin de [s]a vie de [...] brûler[29] » son œuvre. Il sollicite en l'abbé de

28 GEF, XIX, 162 ; Pléiade, III, 811.

29 Saint-Simon, « À l'abbé de Rancé », 29 mars 1699, *op. cit.*, p. 24-25.

la Trappe un directeur et un mentor et lui demande d'avoir précisément « la charité[30] » d'examiner les pages qu'il lui envoie pour dicter ensuite une conduite à tenir, car le jeune homme craint les reproches qui tourmenteraient son âme pour le crime que la loi nomme libelle et la morale, médisance. Dire la vérité sans blesser sa conscience, est-ce la quadrature du cercle ? La réponse de Rancé ne nous est pas connue, mais quand elle le serait, elle ne nous dirait pas comment Saint-Simon l'a comprise. L'œuvre seule nous l'apprend, impitoyable et cachée. Le secret et « les plus sûres serrures » (I, 16) seront des cachets suffisants. Par-delà le demi-siècle écoulé depuis l'entrée en écriture, nous devons à la mort de la duchesse ainsi qu'à la proximité du ciel, qui ont dû raviver ses doutes comme de vieilles blessures, l'avant-propos qui traite une dernière fois de la question : « Savoir s'il est permis d'écrire et de lire l'histoire singulièrement celle de son temps » (I, 3). Le mémorialiste y défend contre les scrupules du chrétien, auquel il accorde parfois la parole en une feinte dispute, la connaissance historique par l'exemple des Saintes Écritures et par la honte d'une ignorance qui nous jetterait « dans les ténèbres palpables d'Égypte » (I, 8). Toutefois la *libido sciendi* n'est pas selon l'Église moins digne de châtiment que Pharaon. « [L]a charité peut-elle s'accommoder du récit de tant de passions et de vices, de la révélation de tant de ressorts criminels, de tant de vues honteuses, et du démasquement de tant de personnes pour qui sans cela on aurait conservé de l'estime, ou dont on aurait ignoré les vices et les défauts ? Une innocente ignorance n'est-elle pas préférable à une instruction si éloignée de la charité ? et que peut-on penser de celui qui, non content de celle qu'il a prise par lui-même ou par les autres, la transmet à la postérité et lui révèle tant de choses de ses frères ou méprisables ou souvent criminelles ? Voilà, ce me semble, l'objection dans toute sa force » (I, 7). La connaissance du crime contamine-t-elle celui qui cherche à se guérir de l'ignorance par le soin de s'instruire ? Les témoins sont-ils donc coupables ? Et sommes-nous livrés sans défense en pâture aux méchants ? À ces questions de droit naturel, Saint-Simon répond non de toutes ses forces et invoque en chrétien de son siècle la devise du *sapere aude*. « Ces scrupuleux persuaderont-ils que Dieu demande ce qui est opposé à lui-même, puisqu'il est lumière et vérité, c'est-à-dire que l'on s'aveugle en

30 *Ibid.*

faveur du mensonge de peur de voir la vérité ; qu'il a donné des yeux pour les tenir exactement fermés sur tous les événements et les personnages du monde, du sens et de la raison pour n'en faire d'autre usage que de les abrutir » (I, 11) ? Comment ne rien voir pourrait-il être une bonne œuvre ? au contraire, c'est un châtiment, comme en ces rois de France qui ont fermé les yeux sur les intrigues des Lorrains : « [n]'est-ce point là être frappé du plus prodigieux aveuglement ? » (II, 958).

UN PHRASÉ CONVULSIF

La chronique de Saint-Simon est convulsive ; et ce n'est peut-être pas son époque seule qui est malade, la France de son temps, comme la peignait Retz dans son fameux tableau d'avant la Fronde, jetée par le « renversement des anciennes lois [...] dans les convulsions[31] » que les cardinaux ministres devaient à la fin rendre frénétiques ; en dépit des apparences, les spasmes dont elle est secouée nous semblent inhérents à la conception que le mémorialiste se fait de l'histoire – comme si, grandi dans le séisme, il ne la pouvait voir que secouée, non traversée par des crises mais agitée en permanence, non roidie par des rivalités passagères mais réellement agonistique, à la fois structurée et dynamisée par cette conflictualité innombrable qu'une sensibilité vive lui présente incessamment et à laquelle son imagination donne des formes subtiles, variées, changeantes. Il y a chez lui, remarquait Ernst Jünger, « de la souffrance devant l'histoire[32] ». Dans sa lanterne magique, les scènes vigoureuses ou tourmentées se suivent, et cela sans discontinuer presque, sur ce rythme souvent brusque qui est l'une de ses signatures.

La syntaxe de la phrase saint-simonienne est volontiers lapidaire, saccadée d'ellipses, nominale même, comme lorsqu'en telle récapitulation sur la grandesse, le mémorialiste ramasse « en deux mots » (II, 80) ses explications : « Nulle mention d'elle avant Charles V. *Ricos-hombres*, ou puissants hommes, qui étaient grands et immédiats feudataires des divers

31 Retz, Jean-François Paul de Gondi, cardinal de, *Mémoires*, éd. S. Bertière, Paris, Garnier, 1987, t. I, p. 289.

32 E. Jünger, *Journaux de guerre*, éd. J. Hervier, Paris, 2008, t. II, p. 664.

royaumes des Espagnes avec droit de bannière et de chaudière, y étaient la seule dignité connue jusqu'à nous, parlaient couverts à leurs rois, et se mêlaient des grandes affaires ; si à titre de droit ou de besoin que les rois avaient d'eux, obscurité entière. [...] Lance [*sic*] pour Philippe le Beau en haine de Ferdinand coup mortel à leur dignité » (II, 80). Parfois l'asyndète claque à la fin d'un portrait, comme si, pressé de passer à autre chose, Saint-Simon s'impatientait face à son modèle, le vieux La Rablière par exemple, mort à Lille en 1704, « lieutenant général, grand-croix de Saint-Louis dès l'institution, frère de la maréchale de Créqui. Il but du lait à ses repas toute sa vie, et mangeait assez bien de tout jusqu'à quatre-vingt-sept ou huit ans, et la tête entière. Il avait été très bon officier, mais un assez méchant homme. Il ne but jamais de vin. Honorable, riche, de l'esprit, et sans enfants » (II, 511). Ou dans la hâte d'une course pour se rendre à la cour : « Coups de fouet redoublés, cabrioles, ruades, fureurs, prêts à tous moments à se renverser » (VIII, 390). Ces soudaines accélérations, ces changements de *tempo* pragmatiques ou expressifs, ces phrase à bride abattue parcourent l'œuvre d'un frémissement nerveux et en soulèvent la formidable masse.

Au niveau supérieur du passage, on trouve de semblables effets grâce au jeu de la parataxe, comme dans les exclamations qui soulignent la grandeur du Roi dans ses revers : « Quel surprenant alliage ! De la lumière avec les plus épaisses ténèbres. [...] Sentir en plein cet état et y succomber en plein, quel spectacle ! Quel contraste de force et de grandeur supérieure à tous les désastres, et de petitesse et de faiblesse sous un domestique honteux, ténébreux, tyrannique ! » (V, 589-590) ; ou dans celles que lui arrache la mort du duc de Bourgogne :

> Quelle épouvantable conviction de la fin de son épouse et de la sienne ! [...] Quelle imitation de Jésus-Christ sur la croix ! [...] Quelles tendres, mais tranquilles vues ! Quel surcroît de détachement ! Quels vifs élans d'actions de grâce d'être préservé du sceptre et du compte qu'il en faut rendre ! Quelle soumission, et combien parfaite ! Quel ardent amour de Dieu ! Quel perçant regard sur son néant et ses péchés ! Quelle magnifique idée de l'infinie miséricorde ! Quelle religieuse et humble crainte ! Quelle tempérée confiance ! Quelle sage paix ! Quelles lectures, quelles prières continuelles ! Quel ardent désir des derniers sacrements ! Quel profond recueillement ! Quelle invincible patience ! Quelle douceur, quelle constante bonté pour tout ce qui l'approchoit ! Quelle charité pure qui le pressoit d'aller à Dieu[33] !

33 GEF, XXII, 332-333 ; Pléiade, IV, 427.

Dieu fouette, l'homme crie ; et le phrasé jaculatoire du mémorialiste éclate et retentit dans l'air, quittant la créature pour s'élancer vers le Créateur : « Mais, grand Dieu, quel spectacle vous donnâtes en lui, et que n'est-il permis encore d'en révéler des parties également secrètes, et si sublimes qu'il n'y a que Vous qui les puissiez donner et en connaître tout le prix ! » (IV, 427).

La violence qui frappe et saisit l'homme dans le mouvement de l'histoire habite le verbe du mémorialiste. Les anacoluthes font s'entrechoquer des membres de phrase et craquer l'arborescence des périodes ; certaines sont déchiquetées au point d'être obscurcies par la haine ou par la colère. À propos du président de Harlay se désavouant dans l'affaire du maréchal de Luxembourg, il s'exclame : « Pensant ainsi, quel juge, après tout ce qu'il fit contre nous jusqu'à nous forcer à le récuser, et, après, en faire plus ouvertement contre nous sa propre chose ! » (I, 294). Cette phrase à bout de souffle, avec ce sujet sans verbe, suspendant une participiale à laquelle s'accroche une relative, elle-même pourvue de deux rallonges infinitives, haletante de virgules, scandée par le retour d'*après*, cette phrase qu'on dirait inachevée semble se poursuivre dans le bruyant silence de son point. Le paysage intérieur de Saint-Simon, tracé au sismographe, répercute en écho les chocs dans la langue qui est la matière de l'œuvre.

L'ÊTRE ET LE NÉANT

Les *Mémoires* de Saint-Simon donnent à lire, *intus et in cute*, sous la peau somptueuse de sa chronique et comme piqués à revers, les motifs de sa sensibilité et de son imagination. Broderie *discrète*, discontinue, mais obstinée, elle participe à l'interprétation des événements et suggère par ses insistances, sur un plan qui double et hante le récit historique, l'existence d'une dramaturgie personnelle qui ne le recoupe qu'en partie. Cette étrange doublure a son rythme propre, plus lent que celui des faits, et d'une exécution plus majestueuse ; elle apparaît aussi moins contingente qu'eux car, en dépit de surgissements parfois spectaculaires, elle détermine, le plus souvent inaperçue, leur regroupement et leur cadrage. Est-elle providentialiste ? elle paraît dépourvue de confiance pour ce monde, mené à l'abîme par des aveugles, des paralytiques et des impuissants, en proie aux forces agissantes du mal. C'est que la sensibilité et l'imagination, malgré leur cohérence, ne sont pas des doctrines, elles ne sont pas soumises au dogme et n'ont pas la précise rigueur d'un système de philosophie. Il n'en demeure pas moins qu'elles tracent chez Saint-Simon, en pointillé, une sorte d'ontologie sauvage, où sont en quelque sorte subsumés les heurts, les chocs et les conflits dont nous avons recensé les espèces et parcouru le territoire.

Nous concevons bien qu'il est hardi de parler d'ontologie – et même d'ontologie morale – à propos d'un auteur qui ne tente nulle part de théoriser ses observations sur la nature de l'être. Pourtant, le vocabulaire dont il use ne laisse pas d'étonner. En divers lieux des *Mémoires*, dans les portraits, dans les récits de carrières brillantes ou obscures, dans ses considérations sur l'usage du pouvoir, il recourt avec insistance à des termes – l'*être* et le *néant* – qui en viennent à désigner par leur forme absolue la dignité d'une vie bonne, pleine, valable – ou à l'inverse l'indignité d'une vie mauvaise, nulle et sans valeur. Ces affleurements d'une éthique en partie informulée et ambiguë, mais qui s'exprime par des jugements très forts sur la vie menée par les personnages de l'œuvre, doivent être soutenus par une ontologie morale implicite. Pour celui qui rêvait jeune homme « d'être de quelque chose » (I, 20), qu'est-ce donc que l'*être* ?

Dans un premier sens, c'est l'existence réelle en tant qu'elle est déterminée par l'essence : « Tels ont été l'esprit et les vues constantes de cette branche de la maison de La Tour, depuis que par l'usurpation de Sedan elle a tâché sans cesse de se séparer de son être, de ne vouloir plus faire partie de la noblesse française » (VII, 595). Mais surtout, et dans un sens un peu différent, c'est l'existence sociale lorsqu'elle atteint un certain point d'élévation ou d'influence, en vertu soit du rang, soit de la charge ou de la fortune, soit encore de la faveur et des protections dont on jouit. Cet être-là n'est pas fixe ; même un valet de chambre, comme Joyeux, qui était à Monseigneur, peut l'acquérir : « Joyeux ; son être, sa mort » (II, 706), note laconiquement le mémorialiste en manchette. En revanche, si l'être est acquis aux grands de ce monde, et quelle que soit la vie qu'ils mènent, comme celle, « privée, pour ne pas dire obscure » (IV, 97), du Grand Dauphin, car leur naissance suffit à le leur conférer, pour tous les autres, l'être, labile, peut se gagner ou se perdre. Ainsi, du maréchal de Châteaurenauld, pourtant promu à l'ordre du Saint-Esprit, Saint-Simon écrit qu'il « s'appelait Rousselet [...]. Il fallait que ce ne fût rien du tout, puisque eux-mêmes ne montrèrent rien avant le bisaïeul du Maréchal, intitulé seigneur de quelques petits fiefs ou rotures, mort en 1564, et qui dut son être et celui de ses enfants à la sœur du Maréchal et du cardinal de Gondi, qu'il épousa en 1533 » (II, 548). Dans un registre différent, Mme des Ursins, autrefois « veuve de Chalais sans bien, sans enfants, et comme sans être » (II, 51), était devenue *camarera-mayor* de la reine d'Espagne, ce qui répondait à son désir « fort au-dessus de son sexe et de l'ambition ordinaire des hommes [...] d'être et de gouverner » (II, 53). Pris en ce sens, *être* apparaît comme un objectif plein, noble et suffisant.

Sa dimension morale ressort mieux quand il est adossé au néant. Pris dans son sens social, celui-ci découle soit de l'obscurité et de l'isolement – M. et Mme de Clérambault, ayant quitté Madame, « vécurent dans une grande avarice et fort dans le néant » (I, 267) ; suite à sa disgrâce, Pontchartrain, « [c]et ex-bacha si rude et si superbe occupe son néant à compter son argent » (V, 749) ; « Broglio retomba tout à coup dans le néant dont il avait voulu s'élancer » (VI, 632) –, soit d'une extraction si basse qu'elle frappe l'homme de nullité – ainsi Lanjamet, Bacqueville, Champflour *sont* « le néant » (IV, 45). De même « La Vieuville était un néant obscur » (V, 693) ; ce n'est cependant pas chez lui la naissance qui fait défaut, mais le mérite ; et cette absence de valeur est la face morale du néant. On la trouve encore sous les espèces de l'oisiveté et de l'ennui, abominables lorsqu'elles sont imposées à des princes dont la valeur réelle est tenue sous le boisseau, tel le duc d'Orléans en proie au « dégoût d'une vie ennuyée du néant et de l'inutile à laquelle il était maintenant réduit » (IV, 297). « [J]amais homme né avec tant de talents de toutes les sortes, tant d'ouverture et de facilité pour s'en servir, et jamais vie de particulier si désœuvrée ni si livrée au néant et à l'ennui » (V, 245).

Ce néant d'inoccupation est celui d'une vie purement privée ou particulière, « éloignée des affaires » (V, 301), comme inversement l'être est celui d'une vie en prise sur la chose publique ; et le renversement de l'un dans l'autre, délivrance ou scandale, donne le vertige. Louis XIV, roi démiurge, expert à « donner l'être à des riens » (II, 176), avait employé « en tout genre, des gens de rien, qu'au moindre mécontentement on réduisait au néant en leur ôtant leur emploi, avec la même facilité qu'on les en avait tirés [en le] leur donnant » (V, 297), les richesses mêmes qui leur restaient ne pouvant les « relever de ce non-être » (V, 483). Et parce qu'elle sentait son être toujours menacé, cette « vile bourgeoisie, adroite à gouverner pour soi, et à prendre le Roi par ses faibles, avait su tout anéantir, et *empêcher tout homme d'être des hommes* » (V, 336, nos italiques) en abaissant la noblesse sous son « être naturel » (V, 433). « De cette façon, ceux qui n'étaient rien sont enfin devenus tout, jusqu'à dépouiller leur origine essentielle, qui leur faisait honte, et, comme les bassins de la balance, ceux qui étaient tout et d'origine et d'essence sont tombés au néant » (IV, 610). Aussi le « retour inespéré et subit du néant à l'être » (V, 301) que devait opérer la polysynodie était-elle l'un des objectifs politiques de Saint-Simon : rendre à chacun sa place, restaurer l'ordre ontologique subverti par l'*hybris*.

Ce sont les bâtards du Roi, ces « Titans de la France » (VII, 217), qui incarnent au plus haut degré ce désordre et ce viol des lois. Leur essence est à tout moment rappelée, « ce qu'ils ont été partout, et ce qu'ils devraient toujours être, c'est-à-dire des néants sans état et sans nom si ce n'est par les charges et par les dignités qui les en tire [*sic*] et qui les met [*sic*] au rang exact de celles dont ils sont revêtus » (I, 526).

Ses doubles adultérins surtout tiennent de leur naissance un « néant propre » (IV, 805), un « profond non-être » (IV, 816) – « néant et [...] bassesse innée, qui n'était relevée que par l'effort de son pouvoir sans bornes » (V, 591), à lui qui, non content de les avoir égalés aux autres hommes et de les avoir grandement établis, les avait enfin portés au « rang entier des princes du sang » (IV, 818). Ce fut, à travers le Roi, l'œuvre de Mme de Maintenon, leur protectrice. « C'était par elle [que le duc du Maine] s'était poulié du néant à la grandeur en laquelle il se voyait, et qu'une Mme Scarron, devenue reine, trouvait merveilleusement juste » (III, 772-773). L'image de la poulie par laquelle le bâtard se hisse, blessant les lois et heurtant les hommes sur son passage, dénonce à la fois l'artifice et la mécanique sans âme de cette ascension. La confusion qu'elle instaure, avec ses chocs perpétuels comme ceux auxquels l'état gazeux livre les molécules, ravale l'homme au niveau de la chose, ou encore de la bête. « [O]n fut sans ordre, et comme moutons » (IV, 436) : foule atroce où chacun tâche d'être rien. Car la contagion, par laquelle le désordre s'étendait du secret de l'alcôve et des ténèbres de conceptions impures jusqu'au plein jour de la cour et du trône, avait inauguré l'ère du néant, dont il fallait avoir les « grâces » (III, 135) pour parvenir, comme en un carnaval sinistre et qui n'eût point de fin.

Entraîné comme les autres par le troupeau, Saint-Simon se rend en manteau chez les princes, dans une procession confuse, lors des obsèques du Dauphin de justice et d'ordre. Comme d'autres, peut-être, il grimace en lui-même. Mais lui l'écrit. Dans la distance et le surplomb de l'œuvre, le mémorialiste désavoue ces gestes posés sous la contrainte, il déteste ce capharnaüm, il en exècre le principe, il l'attaque sans relâche. Les rames de papier couvertes de sa petite écriture honnissent ce monde à rebours dans lequel « tout bien à faire est impossible » (VI, 582). Enfermé dans sa « boutique » (IV, 706), puis dans ses retraites successives du faubourg Saint-Germain, Saint-Simon redevient cet homme seul qu'il était à son entrée dans le monde, il le parcourt à nouveau « pied à pied » (I, 15), avec le sentiment de son néant. Son paysage intérieur est terrible. Au milieu des ombres tourbillonnantes qui l'environnent, dans la tempête où tous se bousculent, il sonde sans broncher les lames scélérates qui se brisent et dont le bruit se répercute à l'infini.

BIBLIOGRAPHIE

AUERBACH, Erich, *Mimesis*, Paris, Gallimard, 1968.

BLANQUIE, Christophe, *Saint-Simon ou la politique des* Mémoires, Paris, Classiques Garnier, 2014.

BEUGNOT, Bernard, « Les retraites du monde dans le miroir saint-simonien », *Cahiers Saint-Simon*, n°4, 1976, p. 9-46.

BRANCOURT, Jean-Pierre, *Le Duc de Saint-Simon et la monarchie*, Paris, Cujas, 1971.

BRODY, Jules « Structures de personnalités et vision du monde dans les "Mémoires" de Saint-Simon », *Cahiers Saint-Simon*, n°4, 1976, p. 13-32.

BRODY, Jules, « Saint-Simon, peintre de la vie en déclin », *Marseille*, n°109, 1977, p. 185-194.

CABANIS, José, *Saint-Simon l'admirable*, Paris, Gallimard, 1974.

CHARBONNEAU, Frédéric, « La singularité est-elle une catégorie du mémorable ? L'exemple de Saint-Simon », dans *L'Expression de l'inoubliable dans les Mémoires d'Ancien Régime*, éd. J. Garapon, Nantes, Cécile Defaut, 2005, p. 167-176.

CHARBONNEAU, Frédéric, « L'être à l'écart. Situation du sujet dans les *Mémoires* de Saint-Simon », dans *Narrating the Self in Early Modern Europe*, éd. B. Tribout et R. Whelan, Berne, Peter Lang, 2007, p. 193-209.

CHARBONNEAU, Frédéric, « "Un si prodigieux amas de bienfaits tourné en poison" : félonie et démesure dans les Mémoires de Saint-Simon », dans *Études françaises*, vol. XLV, n°2, 2009, p. 99-111.

CHARBONNEAU, Frédéric, « Régime et singularité dans les *Mémoires* de Saint-Simon », *Cahiers Saint-Simon*, n°37, 2009, p. 81-92.

COIRAULT, Yves, *L'Optique de Saint-Simon. Essai sur les formes de son imagination et de sa sensibilité d'après les* Mémoires, Paris, Armand Colin, 1965.

DE LEY, Herbert, *Saint-Simon Memorialist, « Un enchaînement si singulier... »*, Chicago, University of Illinois Press, 1975.

DE WEERDT-PILORGE, Marie-Paule, *Les Mémoires de Saint-Simon. Lecteur virtuel et stratégies d'écriture*, Oxford, SVEC, 2003.

DUQUESNE, Jean « Le point de vue de Saint-Simon sur les rangs », *Cahiers Saint-Simon*, n°27, 1999, p. 71-78.

FATTA, Corrado, *Esprit de Saint-Simon*, Paris, Corrêa, 1954.

FAVRE, Robert, « Le Duc de Saint-Simon en extase », *Cahiers Saint-Simon*, n°11, 1983, p. 43-46.

GARIDEL, Delphine de, *Poétique de Saint-Simon*, Paris, Honoré Champion, 2005.

GUINET, Paul, « Saint-Simon, médecin malgré lui. Madrid, 1722 », *Cahiers Saint-Simon*, n°11, 1983, p. 17-34.

HERSANT, Marc, *Le discours de vérité dans les mémoires du duc de Saint-Simon*, Paris, Honoré Champion, 2009.

HERSANT, Marc, *Saint-Simon*, Paris, Gallimard, 2016.

HIMELFARB, Hélène et Bruno NEVEU, « Saint-Simon, les jésuites et la Chine. Correspondance inédite avec le P. Foucquet et le cardinal Gualterio sur les affaires chinoises », *Cahiers Saint-Simon*, n°5, 1977, p. 37-48 ; n°6, 1978, p. 13-30 ; n°7, 1979, p. 26-36 ; n°8, 1980, p. 17-36 ; n°9, 1981, p. 17-34.

HIMELFARB, Hélène, « Saint-Simon et les "nouveaux savants" de la Régence. Sa collaboration avec Antoine Lancelot », dans *La Régence*, Paris, A. Colin, 1970, p. 105-124.

HIMELFARB, Hélène, « Culture historique et création littéraire. Saint-Simon lecteur d'histoire et de mémoires », *XVIIe siècle*, n°94-95, 1971, p. 119-137.

HIMELFARB, Hélène, « Saint-Simon et le jansénisme des Lumières », *SVEC*, n°88, 1972, p. 749-768.

HOURCADE, Philippe, *La Bibliothèque du duc de Saint-Simon et son cabinet de manuscrits (1693-1756)*, Paris, Classiques Garnier, 2010.

JÜNGER, Ernst, *Journaux de guerre*, éd. J. Hervier, Paris, Pléiade, 2008, t. II.

KRIEGEL, Blandine, *Les historiens et la monarchie*, Paris, PUF, 1988, 4 vol.

LACOMBE, Antoine, « Une facette du style de Saint-Simon. La syntaxe de la phrase dans son rapport avec la conception de l'histoire », *Cahiers Saint-Simon*, n°20, 1992, p. 67-81.

LE ROY LADURIE, Emmanuel et Jean-François FITOU, « Notes sur la population saint-simonienne », *Cahiers Saint-Simon*, n°13, 1985, p. 49-55.

LE ROY LADURIE, Emmanuel et Jean-François FITOU, *Saint-Simon ou le système de la Cour*, Paris, Fayard, 1997.

PLAISANT, François Marcel, « Saint-Simon diplomate », *Cahiers Saint-Simon*, n°16, 1988, p. 7-29.

POISSON, Georges, *Monsieur de Saint-Simon*, Paris, Mazarine, 1987.

RAVIEZ, François, « Vers un paysage imaginaire de Saint-Simon. Questions de méthode et méthode en question », *Cahiers Saint-Simon*, n°25, 1997, p. 11-18.

RAVIEZ, François, « Saint-Simon, la main à la plume vaut la main à l'épée », dans *L'Armée au XVIIIe siècle (1715-1789)*, éd. G. Goubier-Robert, Aix-en-Provence, Publications de l'université de Provence, 1999, p. 271-281.

RAVIEZ, François, *Le duc de Saint-Simon et l'écriture du mal*, Paris, Honoré Champion, 2000.

RICHARD, Jean-Pierre, *Paysage de Chateaubriand*, Paris, Seuil, 1967.

SAINT-SIMON, Louis de Rouvroy, duc de, *Testament olographe*, dans *Œuvres complètes*, Paris, J.-J. Pauvert, 1964, t. I, p. 276-281.

SAINT-SIMON, Louis de Rouvroy, duc de, *Mémoires*, éd. Y. Coirault, Paris, Pléiade, 1983-1988, 8 vol.

SAINT-SIMON, Louis de Rouvroy, duc de, *Mémoire sur les qualités prises par M. de Soubise*, dans *Traités politiques et autres écrits*, éd. Y. Coirault, Paris, Pléiade, 1996, p. 1335-1347.

SAINT-SIMON, Louis de Rouvroy, duc de, *Les siècles et les jours. Lettres (1693-1754) et Note « Saint-Simon » des* Duchés-pairies, *etc.*, éd. Y. Coirault, Paris, Honoré Champion, 2000.

SAINT-SIMON, Louis de Rouvroy, duc de, *État des changements arrivés à la dignité de duc et pair de France depuis mai 1643 jusqu'à mai 1711* (extr.), dans *Hiérarchie et mutations*, éd. Y. Coirault, Paris, Honoré Champion, 2002, p. 35-121.

SAINTE-BEUVE, Charles Augustin, « Introduction », *Mémoires complets et authentiques du duc de Saint-Simon*, éd. Chéruel, Paris, Hachette, t. I, 1856, p. I-XXXVII.

SHACKLETON, Robert, « Saint-Simon et Montesquieu », *Cahiers Saint-Simon*, n°3, 1975, p. 21-25.

SCOTT, Simone, « Saint-Simon et ses premiers lecteurs », *Stanford French Review*, vol. V, n°1, 1981, p. 35-50.

STEFANOVSKA, Malina, *Saint-Simon, un historien dans les marges*, Paris, Honoré Champion, 1998.

VAN DER CRUYSSE, Dirk, *Le portrait dans les « Mémoires » du duc de Saint-Simon*, Paris, Nizet, 1971.

VAN DER CRUYSSE, Dirk, *La Mort dans les* Mémoires *de Saint-Simon. Clio au jardin de Thanatos*, Paris, Nizet, 1981.

VAN ELDEN, Dirk Jan Hendrik, *Esprits fins et esprits géométriques dans les portraits de Saint-Simon. Contributions à l'étude du vocabulaire et du style*, La Haye, Martinus Nijhoff, 1975.

WAELHENS, Alphonse de, *Le duc de Saint-Simon : immuable comme Dieu et d'une suite enragée*, Bruxelles, Faculté universitaire Saint-Louis, 1981.

INDEX RERUM

TABLE DES MATIÈRES

IMPRIM'VERT®

Achevé d'imprimer par Corlet Numéric,
Z.A. Charles Tellier, Condé-en-Normandie (Calvados). N° d'impression : 154902
Imprimé en France